ユダヤ人は日本に同化した

東北大学名誉教授
田中英道

ヒカルランド

同化して
日本の
ユダヤ人が

田中英道

はじめに　日本・ユダヤ人関係史の新しい発見

日本とユダヤの関係を語る本の中で、最も読まれている本の一つにこの書物がある。ヨセフ・アイデルバーグ著、久保有政訳『日本書紀と日本語のユダヤ起源』（二〇〇五年、徳間書店）〈『[ユダヤ×日本] 歴史の共同創造』と改題されヒカルランドより復刻版あり〉。

あたかも「日ユ（または日猶《にちゆ》）同祖論」者のバイブルのようになっている本である。その理由は著者が、ユダヤ人でありながら、日本にやって来て日本語と神道を本格的に学び、その歴史的関係を出来るだけ客観的に捉えようとしたことにある。京都の護王神社の見習い神官にもなり、神道、日本語、日本の歴史を研究した、と紹介されている。それだけ、日本を深く理解する努力をされたことが見て取れる。とくに、本書では、ユダヤ語と日本語の関連を詳細に検討され、五〇〇語におよぶ、単語の共通性を指摘したことは、大きな業績と言えるであろう。

拙論では、氏の日ユの関係史、とくに「ヘブル語起源の日本語「精選五〇〇語」」をやや詳しく論じてみよう。

この書の出版年は二〇〇五年であるが、著者アイデルバーグ氏は一九八五年に亡くなられている。そのため日本の歴史研究の知識が、それ以前のものに限られている。この書は、氏の未発表の原稿を加えているとはいえ、訳者によって書かれているが、没後三〇年以上の、この分野で蓄積された新知見は大きいものがある。

私はこの本以降の日本古代史の諸発見、諸知見を加えながら、語っていくことが、現代でこの本を読もうとする読者にとって必要なことだと思い至った。それは決してこの書物に表れている著者の努力を蔑《ないがし》ろにすることではないと信じる。

ここで、一例として言っておきたいことがある。「サマリアの王」が「すめらみこと」の原型となった、と、ここで書かれているが、このことを知っている人々は、ほとんど日本人におらず、僅かに、秦氏系の人々だけで、しかもその証拠は見出せない、ということである。日本人は誰も、そこに由来する言葉とは思わなかった、と考えられる。またそれを知っていた古代のユダヤ系の人々も、それは、『聖書』に由来することを語らなかった。またそれを日本語で訳す意思がなかったので、理解させようとも考えなかったのである。つまり日本にやって来たユダヤ人たちが完全に日本人に同化したために、その過去を知らしめようとしなかったと考えられる。このことは、すべてのヘブライ語起源の言葉についても言えるであろう。

目次

カバーデザイン　森瑞（フォーチュンボックス）
校正　麦秋アートセンター
本文仮名書体　文麗仮名（キャップス）

第一章

古代、
日本にやって来た
ユダヤ人の考察

1　ディアスポラ（離散）ユダヤ民族が、『日本書紀』の中に見出せるか

まずアイデルバーグ氏の『日本書紀と日本語のユダヤ起源』の第1章では、「離散ユダヤ民族」を、「日本書紀」の中に探る試みを行っている。《日本人の起源は、古代の真ん中で謎に包まれ、失われてしまっている。彼らがいつ日本列島に住み着くようになったのか、誰もわからない。広く信じられているところによれば、日本人の中核をなすヤマト民族は、西暦一、三世紀に日本の地に住み着き、ヤマトと呼ばれる王国を確立したという》と書いている。

しかしそれ以後、縄文時代の遺跡に対して飛躍的発見がなされた。とくに一九九二年の三内丸山遺跡の発掘は、長い間、定着した生活を営む日本人がいたことを示し、十分とは到底いえないが、彼らの生活を再現し復元しようとしている。それによると、大きな塔が建てられ、それが太陽信仰のための祭祀を行うところではないか、と推測されている。実際には、十数塔もあったとされており、竪穴住居も六百以上も建設されていたことがわかっている。縄文土器も一万六千五百年前、造られ始めている。

『古事記』『日本書紀』の神話を読み解くと、この縄文時代に、すでに国の歴史があることが明らかになり、それは日高見国《ひたかのみくに》という名で呼ばれていたと考えられる。八世紀末の神道の『延喜式祝詞《えんぎしきのりと》』には日本は古くから「大倭日高見国《おおやまと》」とされていたことがわかる。

無論、これは『発見！　ユダヤ人埴輪の謎を解く』（二〇一九年、勉誠出版）で私が述べたように、人物埴輪のその多くに美豆良《みずら》（鬟《みずら》）と帽子、髭、高い鼻をユダヤ人と認定し、一方で、DNAの類似を、血液学の研究から、この二民族の類似性は、明らかで、その線を追従する、言葉の類似を、肯定するものである。この程度では「明らか」とは言えないのである。一九八五年までの状況とは全く異なっている。

ユダヤ系の人たちの来日は、縄文時代の終わりごろ、紀元前一〇世紀ぐらいと考えられる。これは『記紀』の新しい読み取りにより、スサノオが最初のユダヤ人の来日を反映していると思われる。アイデルバーグ氏は「失われたイスラエル十部族」が日本人の祖先だと繰り返し述べているが、それ以前に、縄文時代に日本人が縄文土器をはじめとする独自な文化を持つ日本人がいた。この本に書かれた、神武天皇以前に日本の文化がつくられていたことになる。

さて、氏は、第一四代仲哀天皇がサウル王ととても類似している、と述べている。聖書によれば、初代のサウル王はイスラエル民族が約束の地を征服しようとする際に、エプシ人と戦った、とあるが、そのエプシ人とは日本神話では「エミシ」人のことで、天孫＝ヤマト民族が、敵にしている氏族だと言っている。しかし、この比定は正しくはなく、このエミシは蝦夷と書き、後のユダヤ人系の「我、蘇り」の蘇我蝦夷の名にあるように、この人々こそ、ユダヤ人系と言って良く、決してヤマト王朝の敵ではない。日本語のエミシが、ヘブル語のエプシとなる、という説は、日本語にとっては、プ、という音が、ミ、となることは考えにくい変化だと言える。

崇神天皇がダビテ王と酷似しているというが、確かに二代目のダビテが古代イスラエルを確立した人物で、崇神天皇も「ハツクニシラススメラミコト」として、その後の天皇家を確立した。しかし一〇代目で、第一四代の仲哀天皇より早い天皇というのも、おかしな話である。サウル王と逆になっていることは、聖書の順序とは別の展開をしていることになる。

しかし厳密さは拘泥する必要のないことかもしれない。さらにアイデルバーグ氏は、次のように類似性を語っている。ダビテ王の軍隊は、《セイルの山地、エドムで戦ったとされる。セイルとエドムは、聖書ではしばしば組になって語られているが、同じ地のことである。同様に崇神天皇の軍隊は「山シロ　イトミ」（山背、挑川）の地で戦ったという。ここにも「セイル－シロ、山地－山、エドム－イドミ」とは、まさに「セイルの山地、エドム」のことではないか。つまり聖書の物語が背景にあるようなのだ》と指摘している。しかしイトミは挑川（『日本書紀』）であれば、同じ土地と言えるだろうか。挑川は奈良北部を流れる川である。

つまり『聖書』を基にして、『日本書紀』が、土地名さえ模倣した、と主張しようとしているのは無理がある。セイルがシロと同一性があるだろうか。エドムがイトミ、という類似性は、「酷似」と言えるか。日本語を知る立場からはそうは言えない。《しかし、類似性はこれで終わりではない》と述べ、《崇神天皇の死後、彼の息子の垂仁天皇が即位した。同様に、ダビデ王の死後、彼の息子のソロモンが即位している》、というのも、類似には当たらない。王が息子に継ぐ、などということは、どこの王朝でも当然のことである。「このソロモン王は、かつてエプス人の地であったエルサレムに、最初の神殿を建てた王である。同様に垂仁天皇は伊勢の地に、神道の最初の神社を建てている、としている。《ソロモン王は、「池を幾つも掘らせ、木の茂る材に水を引かせた」。同様に垂仁天皇は「諸国に令して、池や溝をたくさん開かせた。その数は八百あまり》と記されている。

ソロモン王と垂仁天皇の記事の関連は、記述の模倣というより、国王たるもの、国家に命ずる施策のことであって、決定的な模倣というものではないだろう。《もしあなたが、……わたしの掟と戒めを守って、わたしの道を歩むなら、あなたに長寿を恵もう》と「列王記」から引いているが、『日本書紀』によると、垂仁天皇にも神のお告げがあって、《あなたが神祇《じんぎ》をよくお祀りすれば、汝の命を永く、天下も太平であろう》と述べたと書かれている。アイデルバーグ氏は、この二つを、同じ神道、つまり「神の道」としている。

ここで問題なのは、ユダヤ教の《わたしの掟と戒めを守って、わたしの道を歩むなら》という神ヤーヴェの言葉と、神道の《神祇をよくお祀りすれば》の内容の違いです。前者は、《わたし（ヤーヴェ神）の言葉をよく守れ》と言うのに対し、日本の天皇の神祇は、天の神、地の神のことであって、多神教の道を示している。それは自然の神々を示すものでもある。つまり、日本の神道をヤーヴェ神の一神教と混同してはいけないのである。

この混同を、アイデルバーグ氏は類似性のことだとし、《いったい、この類似性は偶然なのか、或いは日本の「神道」がイスラエルの「神の道」を継いだ物なのか》と問うている。

《ここに至って、イスラエルの失われた部族に関する私の研究は、重要な局面にさしかかったと言っていいだろう。つまり、もし日本神道がいくらかでも古代イスラエル宗教と関わりがあるならば、ヤマトの国の偉大な神と、もともと同じであったに違いない。またヤマトの民は古代イスラエル人と同一、ということになる》と結論づけている。しかし第1章だけでは、このような結論を下す論理はまだ成立していない、と言うべきである。

2　日本神話の不明語はユダヤ民族のヘブライ語で読めるか？

第2章の「日本神話の不明語はユダヤ民族のヘブル語でこそ読める」では、日本の神道の検討がなされている。ここでは、確かに、日本の神道が、自然崇拝が大事だと述べている。アイデルバーグ氏は《山も、谷も、滝、池、木、花、さらに生きているものも死んだものも、みな一つの永遠的な家族の一員とされる。そのライフ・サイクルに神的な力によって導かれている、と考える》と述べている。

最後の《ライフ・サイクルに神的な力》とユダヤ人が言うのと、日本人が考えることとは異なる。日本では神的な力とは言わない。それこそ、自然、つまり「自ら、然り」、で自然そのものの力であって、「神」とは考えない。したがって、『記紀』でも、山も、谷も、滝、池、木、花、さらに生きているものも死んだものも、それ自体が重要で、その背後に「神の力」を独立なものとして考えてはいないのである。

日本人は、太陽を中心として、月、山、海、川、滝、岩、石、等々、あらゆる存在を、そのものを拝む。私の母も、鹿児島神宮の神官の家の子孫だったが、お月様が満月のとき、木台の上に、果物、ススキや花などを置いて、月に向かって祈っていた。無論、私もそれに倣って、月に祈っていた。私は母親がそうしていたので、それを真似ていただけだが、煌々《こうこう》として照る満月の光景を記憶している。それは月そのものを拝むだけであって、それ以上のものではなかった。

そこが、ユダヤ人と日本人の祈り方の違いなのだろう。日本人の祈り方は、縄文時代から続いているものと信じることが出来る。その自然が自然をつくったもので、それが尊いのだ、と考えがある。おそらくこのことがユダヤ人には単純すぎるかもしれない。

それはキリスト教中心の宗教学の見方では、アニミズム、シャーマニズムというカテゴリーをつくって、一段と低い段階の宗教形態ととるだろう。しかし日本人は、そうした自然への肯定的な思いを抱いており、神が自然をつくった、と考えていないことは断言出来る。そしてそれは、現代の自然科学の考えと似ている、と考える。科学は神を認めないことにより始まっているからである。

それなら科学と神道の違いは何だろうか。それはわからないものをわからない、と言い、わからない、ということそのものが、尊いと考える謙虚な精神だろう。

科学者は、未来において、自然がすべてわかる、と語ることだろう。しかし日本人は、現在わからないことに、その対象の神秘さを感じるのである。日本人の多くは、科学では、自然そのものを解明出来るとは考えていないように見える。細胞一つ作れない、宇宙一つ、解明出来ない科学が、神を代行出来るとは思えない。おそらく人間は永久に西行の歌を歌い続けると思う。

「何事の　おわしますかは　知らねども　かたじけなさに　涙こぼるる」

これは、伊勢神宮に参拝したときの歌、と言われている。

3　神道の「大祓い」について

アイデルバーグ氏は、日本の神話と日本人の起源を述べた後、神社の祭祀について次のように語っている。彼が神官を体験しただけあって、興味深いものである。

《最も重要な祭りは、豊作を祈る「祈年祭」初穂の祭りである。新嘗祭、また清めの儀式に「大祓《おおはらい》がある》が、ここでは「大祓」について氏の記述を引用してみよう。

《大祓は、清め、あるいは厄払いであるが、人々の身体的、道徳的な罪穢れを祓うため、年に二度行われる。六月と二月の最後の日である。その儀式は「祝詞」と呼ばれる祈禱によって始まる。その祈禱はまず様々な「天的な罪」（天つ罪）、および「地上的な罪」（国つ罪）を列挙することに始まる。例えば「稲の田んぼに水を引くために設けた溝や樋を壊してしまう罪」、また「二種類の種をまく罪」「近親相姦」「魔術」「人体を傷つける罪」、その他である。その後、「天的な神」（天つ神）と地上的神（国つ神）に対し、それらの罪を取り去って海に投げ込んで下さるように、と祈られる。

祈禱が終わると、神官は参列者に向かって「スサ」（幣）と呼ばれる、白く細長いジグザグの紙がたくさんついた棒を振り、お祓いをする。

この大祓は、中臣氏の伝えてきた祭儀として知られている。古代においては、清める祝詞を読むのは、常に中臣氏の先祖は、日本神話によれば、「天的祭司」「コヤネ」（天児屋 尊《あめのこやねのみこと》）であった。

「コヤネ」は、日本語として特にこれといった意味がない。しかし祭りの氏族である中臣氏の系譜を、このように日本神話、天的なものにまでさかのぼらせる。そうであれば、日本神話の記述の幾つかにおそらく天的な者というより、実は古代における遠い先祖の記憶を述べたものだと解せる》。

アイデルバーグ氏は、神社の「大祓」の儀式の中に、ユダヤ人がやって来る以前の日本に長い祭祀の伝統があったことをいみじくも述べている。これといって神的な意味がないはずの「コヤネ」という天つ神が、神社の祭司として遠い先祖の時代までさかのぼらせることが出来ることを指摘しているのである。

ユダヤ人たちがやって来る前の日本は縄文時代だった。そのとき、すでに「コヤネ」氏族がいたことになる。つまり天《あま》の児屋《こやね》の神が中臣氏の祖先として、高天原の世界＝縄文時代にいたことを示す。

そしてその時代に、「稲の田んぼに水を引くために設けた溝や樋を壊してしまう罪」、また「二種類の種をまく罪」「近親相姦」「魔術」「人体を傷つける罪」を「祓う」ことが出来た共同体があったことを示唆している。

つまり高天原の時代が、天国の時代でなく、国家があった時代、つまり日高見国の時代が縄文時代だったことを考えさせるのである。その後「天的な神」（天つ神）の時代から、地上的神（国つ神）の時代に移ったが、しかし、依然として二つの国が、北半分南半分の領域に分かれて住んでいたことが、まさに神社の『祝詞』に「大倭日高見国」として書かれていた。

日本には原罪観念がない。ここにあるのは、具体的な生活上の罪のことである。そのことは、それらの罪を取り去って海に投げ込む、という結末の付け方でも理解出来る。ここでも、日本の神社の「大祓」が、日本的なものであるかがわかるのである。

しかしアイデルバーグ氏は、大祓の「罪」は聖書の「罪」と同じものを指す、と述べている。『聖書』では、アダムとエヴァが、楽園で、神から食べてはならないと言われた禁断の木の実を食べて、追放されることから始まっている。この人間が根源的に負う罪は、日本神話には何も語られてはいない。

アイデルバーグ氏の日本人に対する認識不足は、「ヤマト」観にも見られる。氏は「ヤマト」は日本語として、これといった意味がない、と述べている。しかし日本神話で、「天孫降臨」の後、ヤマト王朝が成立したことは、「高天原」から奈良地方へ移動した結果である。奈良地方の特色といえば、山に囲まれた盆地である。ここが「山の地」であり、そこに住む人々は、「ヤマト＝山人」になったと考えられる。「ヤマト＝大和」という漢字で「大きな和」という意味であることも自明のことである。日本人にとっては語らずして理解ずみのことと言って良い（拙著『「やまとごころ」とは何か――日本文化の深層』二〇一〇年、ミネルヴァ書房）。漢字の「山」は「さん」という音で、日本の「やま」は訓読みとなる。

ところが、アイデルバーグ氏は、これはヘブライ・アラム語で「ヤー・ウマト」のことだと主張している。「ウ」が消されて「ヤー・マト」となるそうだ。これは「ヤハヴェの民」の意味だという。私はヘブライ語関係の記述は、氏の主張をすべて受け入れているが、日本語については、日本人の私が、判断する以外にない。日本人は決して「ヤーマト」という発音で「大和」を言うことはないはずである。「ヤハヴェの神」に引っ張られすぎた解釈だと感じられる。

4 「勾玉」について

また氏は「勾玉《マガタマ》」についても特殊な解釈をしている。《これは「ヤサカの勾玉」で、コンマの形をした特殊なピース（ジュズ）であるが、古代日本人はそれをお守り、魔除けとして持った。日本書紀によれば、これはアマテラスが孫のニニギに与えたものである。これらは権威のしるしであった》と言う。

今日も、それは「三種の神器」の一つとして、日本の天皇の皇位継承のしるしとなっている。「ヤサカ」は、日本語としてとくにこれといった意味はない、と氏は述べている。《しかしヘブル語で「ヤー・サッカ」は、「神を見る」を意味する言葉であって、（「ヤー」はヤハウエの短縮形ヤハ、「サッカ」は見る）、「神に信頼をおく」といった意味と解される。またこれに関し、このピースがコンマの形をしていることにも意味がある。それは糸に通して垂らした状態において、ちょうどヘブライ文字の一つ「ヨット」（・）にみえる。それは「ヤー」（ヤア、ヤハ、ヤ）は神の御名ヤハウエの短縮形として、ヘブル語の様々な言葉の中に入っている。よく知られた例は「ハレル・ヤ」（ヤハウエをほめよ）であろう。それと同じように日本神道のイスラエル起源を示す「ヤー」と言う神の御名が、ヤマト言葉の中に、入っていけない理由があるのだろうか》（『日本書紀と日本語のユダヤ起源』〈以下略す〉の五八頁）。

この勾玉についての指摘は、重要である。それは勾玉が現代の天皇が宮中三殿にお持ちの神器であるからだ。そこで、ユダヤ人との関係が明らかになれば、皇室のつながりが見えてくるであろう。

しかしこの記述の中には、多くの疑義がある。まず、考古学的にいえば、勾玉は一万年前から、日本に存在し、ユダヤ人が日本にやって来る前から日本で作られていた、という厳然たる事実があることだ。『日本書紀』のアマテラスが「天孫降臨」を命じた際に、ニニギに与えた、ということも、その考古学的事実が、高天原＝日高見国の時代に存在したことを確認出来ることになる。

八尺瓊勾玉《やさかにのまがたま》とは、むろん八咫鏡・天叢雲剣と共に三種《さんしゅ》の神器《じんぎ》（みくさのかむだからとも読む）の一つである。八坂瓊曲玉とも書くが、大きな勾玉とも、長い緒につないだ勾玉ともされる。

「さか」は通常は「しゃく」（尺）の転訛と言われ、この場合は上代の長さの単位の咫（あた）のことだと言う。八尺は（当時の尺は今より短いため）約１８０㎝、８咫は約１４０㎝である。この長さは、玉の周とも、尾を含めた長さであるとも、結わえてある緒の長さであるともいう。また、「八尺」は単に大きい（あるいは長い）という意味であるとも、「弥栄《いやさか》」が転じたものとする説もある（『ウィキペディア』「八尺瓊勾玉」より）。

アイデルバーグ氏の言うような、これといった意味はない、ということは決してない。私は最後の「弥栄《いやさか》」が転じたものと考えている。「八尺」を「ヤサカ」と呼ぶのは、無理な印象を受ける。勾玉に八尺の大きさはないからである。いずれも持ち運びが可能なほどの大きさであったものである。

勾玉は『日本書紀』では、岩戸隠れの際に、後に玉造連《たまつくりのむらじ》の祖神となる玉祖命《たまのおやのみこと》が作り、八咫鏡とともに太玉命《ふとだまのみこと》が捧げ持つ榊の木に掛けられたとされる。後に天孫降臨に際してニニギ（瓊瓊杵尊）に授けられたと書かれている。

『古事記』には、八尺瓊勾玉（緒に通した勾玉）の後ろに、さらに『五百津之美須麻流之珠《いほつのみすまるのたま》』という、数の多さを形容した語が付いている。『日本書紀』神代で八尺瓊曲玉が言及される別の部分として、六段一書あるふみ第二で、羽明玉という神が素戔嗚尊に、スサノヲが天照大神に会う（アマテラスとスサノオの誓約）前に「瑞八坂瓊之曲玉」を渡している。

タマノオヤ（玉祖命）は、岩戸隠れの際に八尺瓊勾玉《ヤサカニノマガタマ》を作ったとされる。ただ、これは、初めて作った、という意味ではないだろう。天孫降臨の際ニニギノミコト（邇邇芸命）に付いて天降るよう命じられ、アメノコヤネ（天児屋命）、フトダマ（布刀玉命）、アメノウズメ（天宇受売命）、イシコリドメ（伊斯許理度売命）と共に五伴緒の一人として随伴した。

『日本書紀』の岩戸隠れの段では、八尺瓊勾玉を作ったのは「玉造部の遠祖・豊玉神（トヨタマ）」（第二の一書）、「玉作の遠祖、イザナギ（伊弉諾尊）の児・アメノアカルタマ（天明玉命）」（第三の一書）としている。どちらも玉造部の祖としていることから玉祖命と同神と考えられる。次にタマノオヤネを祀る神社を記載する（『ウィキペディア』より）。

●1　高天原系

・駒形根《こまがたね》神社里宮（宮城県栗原市栗駒沼倉字一ノ宮）

・安房神社（千葉県館山市大神宮）
・比々多《ひびた》神社（神奈川県伊勢原市三ノ宮）
・玉諸《たまもろ》神社（山梨県甲州市塩山竹森）
・玉作《たまつくり》神社（静岡県沼津市黒瀬町）
・酒解《さかどけ》神社（三重県伊賀市坂下）
・建部大社（滋賀県大津市神領）
・石作《いしつくり》神社・玉作《たまつくり》神社（滋賀県長浜市木之本町千田）
・門僕《かどふさ》神社（奈良県宇陀郡曽爾《そに》村《むら》今井）
・櫛玉命《くしたまみこと》神社（奈良県高市郡明日香村真弓宮山）

●2　出雲系

・玉祖《たまのおや》神社（大阪府八尾《やお》市神立）
・國懸《くにかかす》神宮、日前《ひのくま》神宮境内社（和歌山県和歌山市秋月）
・大麻《おおさ》神社（香川県善通寺市大麻町上ノ村山）
・板井神社（鳥取県鳥取市気高町奥沢見）
・玉作湯《たまつくりゆ》神社（島根県松江市玉湯町玉造）

- 玉祖神社《たまのおや》（山口県防府市大崎）
- 船路八幡宮《ふなじ》（山口県山口市徳地船路）
- 三宅神社（宮崎県西都市三宅）

すでに述べたように、考古学的には、勾玉はすでに一万年前から存在するもので、太陽の昇るところの、日本列島にやって来た人々が、太陽と三日月を合わせた形の、小さな眼鏡のようなもの、つまり、太陽光線を遮るほどの穴を開け、そこから太陽そのものを見る神聖で尊い道具として作った宝物で、日本神話の中に、高天原の出来事として登場するのも、当然のことなのである。

アイデルバーグ氏はヘブライ語で「祭司」を意味する「コヘン」という言葉を、ヘブライ文字で、縦書きにすると「コ八ノ」（六〇頁）のようになるという。すると、これは実は、日本人なら誰でも読める言葉である。日本人はこれをカタカナのコハノ」と読むだろう。また真ん中の「八」という文字は、日本語で「ヤ」と発音される。それで「コヘン」というヘブライ文字が日本語の「コヤノ」と発音される可能性がある、という。それがやがて「コヤネ」になまったに違いない、とする。こうして天的祭司が「コヤネ」の名前が生まれたと考えられるのである（六〇頁）。

祭司をコヘンというが、そのヘブライ語が、日本のカタカナのコハノまたはコヤノからコヤネに変わったという説である。この推察に無理があるのは、天の児屋根の神が、高天原の神であり、それは日高見国時代の祭祀を司る一族であった、という歴史的理解に、合わないことである。ユダヤ人がやって来て、「コヘン」から「コ八ノ」という文字的認識がまだなく、それが「コヤネ」となったとは考えられないことである。おそらく「コヤネ」は「小さな屋根（の建物）」、または「言《こと》綾《あや》根《ね》」の意味で、名義は「天上界の小屋根（託宣の神の居所）」、または「祝詞を美しく奏上すること」と考えられる。その父は、『日本書紀』および『新《しん》撰《せん》姓《しょう》氏《じ》録《ろく》』「左京神別　天神　中村連」条などによると津速産霊神の御子神・興台産霊命（居々登魂命、こごとむすび）、あるいは『古語拾遺』、『新撰姓氏録』「大和国神別　天神　添県主」条によると津速産霊神（津速魂命、つはやむすび）、母は安国玉主命の娘・許《こ》等《と》能《の》麻《ま》知《ち》媛《ひめ》命。妻は天《あめの》美《み》津《つ》玉照《たまてる》比売《ひめ》命とされ、子に天押雲根命（中臣連、卜部氏祖）がいる。これらの説の方に真実があるだろう。

5　カタカナの成立はヘブライ語によるのか

日本のカタカナの成立は、漢字の一部を使いその文字の代わりとして用いることは七世紀中ごろからみられる（注・正倉院文書《もんじょ》　御野国《みののくに》大宝二年戸籍（七〇二年）、石神遺跡出土木簡（六六五年）における「牟」字の「ム」表記など）。

しかし、これまでの、片仮名の起源の説では、九世紀初めの奈良の古宗派の学僧たちの間で漢文の和読をするために発明された、とされる。訓点として借字（万葉仮名）の一部の字画を省略し、付記したものに始まると考えられている。この借字は当初、経典の行間の余白などにヲコト点とともに使われていた。それが小さく素早く記す必要から字形の省略・簡略化が進んだ結果、現在見る片仮名の原型となり、ヲコト点に成り代わって盛んに訓読に利用されるようになった、とされる。カタカナの成立をこのように考えるのが、一般の古語辞典や『ウィキペディア』が述べることだが、アイデルバーグ氏はこれがヘブライ語から来ている、と考えている。

アイデルバーグ氏の大きな問題提起は、言語的なヘブライ語と、日本語の比較研究である。氏はカタカナ、ひらがなについて《一般的には、これら和製文字は「漢字をくずして極度に単純化したもの」と考えられている。だが、その理解では説明しきれないことが多いのだ。と言うのは、カタカナもひらがなも、その多くのものがあまりにヘブライ文字に酷似しているからである。だから、単に漢字から来ていると言うのは、受け入れられない》と言う。

このヘブライ文字とは、どのような性格を持つものであろうか。両文字を比較する前に、引用しておこう。

《古代ヘブライ文字は「北西セム文字」に属する。それはフェニキア文字、アラム文字と共に、最も原始的なアルファベット体系である。それは紀元前千年頃から紀元前六世紀中葉に至るまで、ヘブライ人によって使用され、その後、しだいに形が若干変化していった》。この文字の知識の持ち主が、秦氏らのユダヤ人系の人々の中にいて、日本の文字作りに貢献したことになる。一体、それらの人々は、具体的に誰であっただろう。そのことは一切触れられていない。

問題は、ヘブライ語が子音文字で、日本語が母音文字であることである。日本語は、アイウエオという母音文字を基本に、そこにk・s・t・n・h・m・y・r・wという子音が前について音を発音する。しかしヘブライ語は子音だけで発音される。ヨーロッパ語では、日本語の発音が似ているのが、子音＋母音のイタリア語であり、子音で主に発音されるフランス語の違いである。従って、使われる発音は、イタリア語とフランス語の違いがある。

アイデルバーグ氏は、カタカナの文字の形が似ているものが多い、としているが、氏の記すヘブライ語の二八文字が、カタカナの字体とよく似ていると思われるのは、七文字くらいで、すべて似ているわけではない。ヘブライ語を元にカタカナが形成されたとは思われない、と言うべきではないか。両文字をよく観察すると酷似するとは言えないことが多い。

前述のとおり、もともと、天の児屋神の名前の「コヤネ」は「小さな屋根（の建物）」、または「言綾根《ことあやね》」の意味で、名義は「天上界の小屋根（託宣の神の居所）」、または「祝詞を美しく奏上すること」と考えられている。スサノオのようなユダヤ系を思わせる神より以前に、高天原＝日高見国に住んでいた氏族と考えられるから、ヘブライ語との関係はない、と思われる。

6　漢字は誰が伝えたか

《日本に初めて漢字が伝えられたのは、西暦四〇〇年頃、朝鮮半島から「王仁」と呼ばれる人物が来日したときである、と一般に言われている。王仁は学者で、中国の経典を教えるために日本に招かれたとある》。

アイデルバーグ氏は、日本史の定説となっている、王仁《わに》について簡単にこのように書いているが、問題は、この王仁とは誰かという点である。

王仁について、知られていることを引用しておこう。『日本書紀』では王仁、『古事記』では和邇吉師《わにきし》と表記されている。生没年は不詳だが、応神天皇の時代に辰孫王と共に百済から日本に渡来したと書かれ、伝承では、百済人とされ、『千字文《せんじもん》』と『論語』を伝えたと記述されている。

『記紀』ともに、この「辰孫王」の記述はない。伝承では、百済に渡来した漢人であるとされ、姓である王氏から楽浪郡の王氏とする見解も見られる。しかし、あくまでも推測であり、記録では楽浪郡の王氏という言及はなく、百済人であるという記録だけ存在している。一方、王仁が伝えたとされる『千字文』が、王仁の時代には成立しておらず、この矛盾については、早く江戸時代に新井白石、伊勢貞丈《いせさだたけ》らによって指摘されており、実在の人物とは認め難いとする説も多く存在する、また、志田諄一《じゅんいち》も王氏を名乗る朝鮮系の人々が存在したことを認め、王仁を辰孫王と同一視する見解もある。

しかし百済人といっても、問題は、この百済、という国のことである。百済とはどんな国だっただろう。

古代朝鮮の歴史記とされる『百済本紀《くだらほんぎ》』は百済の歴史が記されているが、その冒頭に書かれている百済建国神話のなかには、「始祖は沸流《フル》」と書かれている。

この「沸流」は個人名だけでなく「解夫婁《ヘブル》」つまりヘブライ人という意味がある。内容をよく読んでみると、ちょっとあやふやな部分がある。「はるか古代、北方の高句麗の王・朱蒙《しゅもう》には兄・沸流《ふる》と弟・温祚《おんそ》の二人の子がありました。二人の兄弟は大勢の部族を率いて南下していく途中で兄弟の部隊はふたてに分かれた。兄・沸流は海に面した弥鄒忽（ミチュエル）に、温祚は内陸の尉礼城（ウィレソ）に、それぞれ建国しました。弟・温祚の国は次第に発展・繁栄していき馬韓のひとつ伯済になり百済となった。一方　衰退していくばりの兄・沸流の国は、いつのまにか姿を消した……」

と書かれている。

『記紀』にはともに、この「辰孫王」の記述はないが、このフルが辰孫王ではないか、と考えられる。百済の読みについて、音読みなら「ひゃくさい」、訓読みが「くだら」となる。この訓読みについて検討すると、ヘブライ語が由来であるようだ。百済をペクチャPaekcheは、そのルーツはヘブライ人（ユダヤ人）だ。証拠は、フル（沸流）という名前である。その証拠があった。そこで、彼ら百済人の同族が倭国に渡り、始祖が応神天皇に仕えるようになった、と考えられている。


　まず百済という国名はヘブライ語で（Heb.）כדור-שלג,KDVR ShLG,kedur-sheleg、球―雪、つまり雪の玉（雪だるま）のことだという。また新羅はヘブライ語で（Heb.）משלג,ShLG,s つ mshelegで同じ雪の意味である。「雪の玉」は「繭玉」のことをいう。つまり、韓半島南部が『晋書辰韓伝』でも、その地方は桑を栽培し蚕を飼うのが盛んであり、縑布《かとりぎぬ》を上手につくる、と書かれている。『三国志魏書弁辰伝』でも、蚕を飼い桑を植えることを知っていて、縑布をを作り、牛馬に乗る、と書かれているのである。

これまでは日本では『図《ず》書寮《しょりょう》本《ぼん》類聚《るいじゅう》名義抄《みょうぎしょう》』（一〇八一年）にあるように、百済といえば、朝鮮半島南東部の新羅、北部の高句麗と合わせて南西部にあり、この三国時代（三四六－六六〇年）を築き、最後は新羅を支援した唐によって、日本も参加した白村江《はくすきのえ》の戦いで滅ぼされたことになっている。

しかしこのフルというユダヤ人的な名前の人物を始祖とする国はもともとユダヤ系の人々の国であり、日本にいる秦氏系の人々と関係を持ち、彼らが、日本を支援していたことが理解出来る。百済＝クダラという名前も、弁韓十二国の晋州の古い地名が「居陀」に由来するという説もあるが、やはり「雪の玉」は「繭玉」と解釈して、桑を栽培し蚕を飼うのが盛んで縑布を作る国、という解釈が妥当であろう。蚕を飼い桑を植える国であったのだ（金聖昊著・林英樹訳『沸流《ビリュ》百済と日本の国家起源―日韓地名が明かす古代日韓の実像』成甲書房、一九八三年より、百済王フルが、日本に渡り応神天皇になったという説）。

つまり蚕を飼う国、百済が、秦氏系の国であったことが明らかになる。

7 「大化の改新」の詔は、聖書とユダヤ民族にあったか

アイデルバーグ氏は、蘇我氏と物部氏の仏教導入をめぐる政治的・宗教的な対立について述べ、その結果が、仏教導入と「大化改新」となるが、その「大化改新」に、『聖書』からの影響があったと述べている。蘇我氏が「我、蘇り」という名の氏族であり、またこのときの蘇我氏と共にあった聖徳太子が、厩戸皇子という名で、この蘇我、厩戸皇子という意味が、キリストが「我、蘇る」、という言葉そのものだ、という考察から推すと、その蘇我氏を「乙巳《いっし》の変」で追放した後の「大化改新」が、またキリスト教的であるとは考えられないのではないか。

「大化改新」は次のようなものだと言われている。大化元年（六四五年）の乙巳の変により蘇我入鹿が断首され、政権から蘇我宗家が排除された。新たに即位した孝徳天皇は、翌大化二年（六四六年）正月一日に政治の方針を示した。これまでの蘇我氏などの豪族連合の国家の仕組みを改め、土地・人民の私有を廃止し、天皇中心の中央集権国家を目指すものとした。

一方で『日本書紀』編纂に際し、書き替えられたと考える説が出ている。だが、孝徳期から天武・持統期にかけて大規模な改革が行われたことは明らかで、後の律令制へつながる王土王民を基本理念とした内容だと考えられている。詔に載る諸条項は、『漢書《かんじょ》』などによる修飾はあるにせよ、内容的には六四六年当時のものであり、やがて実現されるべき体制の具体的な構想として宣示されている。たとえば、国造《くにのみやつこ》を郡《ぐん》司《じ》に切り換えることが示されたが、現実には郡造《こおりのみやつこ》制が実施され、大宝元年（七〇一）の「大宝律令《たいほうりつりょう》」で初めて郡司制が達成された。

「大化の改新」は、大きく四か条の主文からなり、各主文ごとに副文（凡条）が附せられている。

≪「大化改新」の四か条

1　従前の天皇等が立てた子代《こしろ》の民と各地の屯倉《みやけ》、そして臣《おみ》・連《むらじ》・伴造《とものみやつこ》・国《くにの》造《みやつこ》・村首《むらのおびと》の所有する部曲《かきべ》の民と各地の田荘《たどころ》を廃止する。

2　初めて京師《けいし》を定め、畿内・国司・郡司・関塞《せきそこ》・斥候《うかみ》・防人《さきもり》・駅馬・伝馬の制度を設置し、駅鈴・契を作製し、国郡の境界を設定することとする。

3　初めて戸籍・計帳・班田収授法を策定することとする。

4　旧来の税制・労役を廃止して、新たな租税制度（田の調《みつぎ》）を策定することとする」》（現代語訳）。

どんなところが「聖書」的なのだろうか。「大化改新」が行われたのが六四五年だが、副文に、その七月、使節を遣わし、神道の神々に捧げ物を集めたと、記されている。一方、『聖書』ではユダヤ暦七月一四日の夕方から「仮庵《かりいお》の祭り」が始まるという。その祭では、神殿において捧げ物がなされるので、十四日にはその捧げ物が用意された、という。こうした捧げ物をする、という行為が、一致することが『聖書』の影響と言えるだろうか。捧げ物をする、ということは、日本の自然信仰の基本で『聖書』を取り上げる必要はない、と考えるべきだろう。

次に奴隷の子、について、「大化改新」は、男女に関する法を定め、その中で「もし二つの家の間で男奴隷と女奴隷が子を産んだら、その子は母につけよ」としている。一方、『旧約聖書』には、「もし主人が男奴隷に女奴隷を妻として与え、彼らが子を産んだ場合、その子は母につけよ」としている。そして子も母もその主人に属して男奴隷は自由の身となり、独身で去らねばならない、としている。（「出エジプト記」二一章四節）。これを見てもわかるように、「出エジプト記」の記述は、あくまで、男女の奴隷を持つ主人の支配力を強調しており、「大化改新」の方は、母がその子を育てるべきだ、という家族での役割を言っているに過ぎない。

次に挙げるのは、「土地再分配の問題」だが、『日本書紀』によれば、六四六年正月の「大化改新」の詔において「初めて戸籍・計帳・班田収授法をつくれ」と書かれている。この「班田収授法」とは、班田収授は六年に一度行われることで、六年一班という。戸籍も同様に六年に一度作成されており、戸籍作成と併せて班田収授も実施されていたものである。戸籍において、新たに受田資格を得た者に対して田が班給されるとともに、死亡者の田は収公されていた。

アイデルバーグ氏はこれが『旧約聖書』の「レビ記」から来たと述べる。そこには「六年の間は、畑に種を播き、ぶどう畑の手入れをし、収穫することができるが、七年目は全き安息と土地に与えねばならない」（「レビ記」二十五巻三－四節）と書かれているから、と言うのである。

確かに、六年、という年数は、同じだが、「レビ記」の場合は、「旧約」、「創世記」で語られるように、六日働いて一日休息をとる、という安息日のことと関係しており、班田収授の六年ごとの作成と関係がない、と思われる。この場合は、もともと「乙巳の変」で、蘇我氏を追放したときから、豪族の支配を止めさせるため作られた法である。後に天智天皇になる、中大兄皇子と中臣鎌足の目的はそれであったのである。

それは次の「人数に応じた土地」のことも同じです。アイデルバーグ氏は、大化改新での土地分配は、戸籍に基づき、家族の人数に応じてなされた、とし、それが《人数の多い部族には多くの、少ない部族には少しの嗣業《しぎょう》の土地を与えなさい。嗣業の土地はそれぞれ、登録された者の数に応じて与えられなければならない》(「民数記」二六章五四節)を根拠にするものと考えている。これも豪族から土地を取り上げた後、分配の方法を述べたに過ぎない。

《「親族の死」についても、「大化改新」の詔では「死者のために生きている者が断髪したり、股を刺したりして、誄《しのびごと》(死者の徳行功績を褒めたもの)を述べたりする旧俗は、ことごとく皆やめよ》。

これがアイデルバーグ氏によると、聖書の親族が死んだとき、《(自分の)頭髪の一部を剃り上げたり、髭の両端をそり落としたり、身を傷つけたりしてはならない》(レビ記、一九章二七–二七節)というような、親族の死後の不自然な対応の仕方を諌めたものだというが、必ずしも「レビ記」を引用する必要はないだろう。すでに

『日本書紀』で、部族の長が死ぬと、部下のものが殉死をする風習を否定して、代わりに人物埴輪を作るべきだ、と土師氏が提案し、天皇がそれに賛意を示した、という記述同様、首長の死については、東西、同じような風習があったと考えるべきだろう。

　次には、「うそ」と題して論じている。大化改新の詔には《見ていながら見ないと言ったり、見ないのに見たと言ったり、聞いていながら聞かなかったと言ったり、聞いていないのに聞いたなどと言う者がある。正しく語り正しく見ること無くして、巧みに偽る者も多い」と書いてあるが、これを氏は、同様に『聖書』は「あなたたちは盗んではならない。うそをついてはならない。互いに欺いてはならない》（レビ記一九章一一節）と対比して、聖書をこの詔が同じことを言っている、と言う。

　しかしこの二つをよく読むと、『詔』は見ること、聞くこと、を正しく語れと言う、道徳性について述べているのに対し、『聖書』は盗むこと、うそをつくこと、という犯罪性を問題にしている。この犯罪性の方が重いことについて、彼らは「うそ」をつくより、盗み、欺き、など、より重い罪を論じている。『詔』の方の「うそ」など「うそ」に当たらない、と述べている。決して同じことを言っているのではない。日本人は最初から「盗み」「欺き」などは、しないのが前提なのである。自然が生んだあらゆることに、誤りはないと信じているのだ。そうした日本人の正直さは、今日まで変わっていないようだ。

次は「証人」のことを述べている。『大化改新の詔』には、《みだりに自分の妻が他人と通じたと疑って、官に訴えて裁きを乞う者がある。たとえ明らかな三人の証人があっても、皆で事実を明らかに申し立てて、その後に、官にはかるべきである。みだりに訴えをなすべきではない》と述べているのに対し、古代イスラエルでは、「姦通の罪」は死刑と決まっていた。だから、《死刑に処せられるには、二人ないし三人の証言を必要とする。一人の証人の証言で死刑に処せられてはならない》(「申命記」一七章六節)という『聖書』の言葉を、『詔』の出所として紹介する。

しかしこの二つの文章は、性格が異なることが書かれている。つまり「詔」は、姦通罪を、官に訴えるのは、たとえ三人の証人があっても、皆できちんと事実を申し立てた後にすべきだ、と言うのに対して、『聖書』のそれは、一人の証人ではいけない、とする形式的な問題に還元している。姦通罪であっても、いかなる罪であっても、事実を一方的に判断すべきではない、と言っており、より女性の立場を夫の言い分だけで判断するな、という、よりうがった言い方をしている。聖書の方が、善悪への判断を、単純化して、妻を一方的に陥れる傾向が強い、ということになる。

「家畜の死」という項目では、アイデルバーグ氏は、『大化改新の詔』では、《たとえば、ある人々が馬の世話を農民に頼んだような場合について述べる。農民は世話をするが、慣れないので、馬が痩せてしまったり、死んでしまったり、盗まれてしまったりする。こういうとき、もめごとにならないために、世話を頼むのも村長の前でそれをし、そこで報酬を払い、たとえ馬を損なった場合でも村長の前で解決を見るようにすべきである》という。

同様の場合を想定したことが、『聖書』にあると氏は言う。

《人が隣人に言うには、牛、羊、その他の家畜を預けたならば、それが死ぬか、傷つくか、奪われるかして、しかもそれを見た者がいない場合、自分は決して隣人の持ち物に手をかけなかった、と両者の間で主に誓いがなされねばならない。そして、所有者はこれを受け入れ、預かった人は償う必要はない。ただし、彼のところから確かに盗まれた場合は所有者に償わねばならない》（「出エジプト記」二二章一〇－一二節）。

前者の例が、後者の例から学んだものと見ることが出来るであろうか。『詔』の方は、家畜の世話に不審な点があれば、中立の村長の采配を仰ぐべき、ということだが、

『聖書』の方は、家畜の被害の責任を、「主」への誓い、という形で解決しようとする。信仰に委ねると言うことになる。ここには大きな相違がある。一見、主への信仰の方が、確かに見えるかもしれないが、主は宗教上のもので、村長の知恵が、より具体的な裁断がなされる、と考えるべきである。決して、『聖書』による判断がいいとは言えないはずなのだ。

「宴会」と題する話では、大化の改新の『詔』では、《農業の月には田作りに専念をさせ、美物（魚）や酒を食することを禁じる》と述べる。一方、古代イスラエルの伝統では、収穫の時期には、七週間はいかなる宴会も慎まなければならない、と言い、『聖書』でも《あなたは七週を数えなければならない。穀物に鎌を入れる時から始めて七週を数える》（「申命記」一六章九節）。農業というものは、収穫のときが最も大事なときであり、宴会などすべきではない、という東西変わらぬ原則を語っているに過ぎない。七週間という時期が書かれていない『詔』が、『聖書』に倣ったとは思われない。

「地域の監督」でも、『詔』が、『聖書』に拠った例として書かれる。《京師（都城）を創設し、……坊（区画）ごとに長（長）一人を置き、四つの坊に令（うながし）一人を置き、戸口（へひと）を管理し、正しくないことをする者を監督せよ》と『詔』では述べられる。そして同じ年（六四六年）には、まだこのような「坊」に分けられるような都はすぐにつくられなかった。それが出来るのは「藤原京」（六九四―七一〇年）現在の奈良県橿原市と明日香村）においてである。いずれにせよ、アイデルバーグ氏は『聖書』の一節には次のようにあると述べている。

《あなたの神、主が部族ごとに与えられるすべての町に、裁判人と役人を置き、正しい裁きをもって民を裁かせなさい》（「申命記」一六章一八節）。

しかし、すべての町に裁判人と役人を置く、という簡単な神の命令と、天皇が、都を建設し、「坊」に「長」を置き、四つの坊に「令」一人を置き、「戸口」を管理し不正がないようにせよ、という内容はほとんど関係がないと思われる。この「長」と「令」は、裁判人と役人では必ずしもないからである。

「償い」の項目では、『大化の改新の詔』では、《役民が旅の途中、家のほとりで飯を炊くと、路傍の家の者が「なぜ勝手に人の家の近くで飯を炊いた」と言って償いを要求する。またある人が甑《こしき》（飯を蒸して炊く器具）を借りて飯を炊いた。その甑が物に触れてひっくりかえったというだけで、持ち主が祓えを強要する。このようなことは愚かしい習わしである》と述べていることに対して、『聖書』では《人が隣人から……借りて、それが傷つくか、死んだならば……必ず償わねばならない》（出エジプト記二二章十三節）と語っている。

『詔』の方は、土地の所有が明確でないと、旅人が勝手に、どこでも飯を炊いて食事を取ろうとするとトラブルが起きる。こうしたトラブルは、お互いに主張するのではなく、和の精神をもって対処しなさい、という道徳観の必要性を問うている。その意味では、「出エジプト記」の文章も同じだが、ここでは傷害事件の可能性を論じており、『詔』の些細なトラブル以上の問題が含まれている。しかしそれは東西のトラブルの暴力性の強弱の違いで、どう見ても『聖書』から来た、条項とは異なっている。

「二倍の償い」と題する指摘では、「詔」の方は、《不当に自分の身に取り入れたものは、倍にして徴収せよ》と述べていることが、『聖書』の次のように書かれていることから来ている、というが、どうであろう。《牛、ロバ、羊、あるいは衣服、その他すべての紛失物について言い争いが生じ、一方が「それは自分の物です」と言うとき、両者の言い分は神の御もとに出され、神が有罪とした者が、隣人に倍の償いをせねばならない》（出エジプト記二二章九節）。

これは不当に物品を奪った者に対する罰則のことを共に語っているが、二倍、という数字が同じだ、と言うであろうが、こうしたことが『聖書』から来た、というより、各地の慣習が、たまたま共通した、という類のことだと思える。と言うのも、日本の『詔』には、キリスト教的な「神」観念を初めから持っていない、と感じられるからである。

アイデルバーグ氏は『聖書』が、「大化改新」に影響を与えた、と言いながら、その後の日本の宗教的展開においては、こうしたキリスト教、もしくはユダヤ思想の関連についてはは述べようとしないのはなぜだろうか。現代の研究では、「乙巳の変」で、蘇我氏（我、蘇り）＝隠れキリスト教の蘇我氏が断絶された後、この「大化の改新」に関わったのは、中兄大皇子であり、中臣鎌足で、すでに蘇我氏の動きを否定する立場であった。当然、『聖書』をその大化の改新の『詔』にこめる意図などない。アイデルバーグ氏のこの説は否定されざるを得ない。

さて以上のような『大化の改新の詔』の検討をしてきたが、このように大化時代の改新における根幹的な部分が、みな、『聖書』の律法の基盤とし、『聖書』にそっているもの」でなかったからこそ、《日本は、中国文化の受容に没頭していくのである。

仏教文化のような中国文化の受容は、奈良時代においてピークを迎えることになる》と、アイデルバーグ氏は、同じ項目で自ら書いている。

《聖武天皇の治世において天然痘が再び流行し、日本の人口の大部分を脅かすほどになった。……それで天皇は、奈良の都に巨大な仏像を造ることを決心する。しかし彼は、神道派の人々による反対を恐れ、まず仏僧、行基を伊勢神宮に遣わす。大仏鋳造計画に対する神道派の反応を探るためであった。帰ってきた行基は、伊勢神宮で神官らに神託があったことを告げる。アマテラスはこの計画を喜んでいると》。

ユダヤ系の蘇我氏が追放された後、秦氏がもう一方のユダヤ系として、聖徳太子の遺志を継いだ。周知のように秦氏は、聖徳太子の意向にそって、当時の広隆寺を創設したり、申楽を起こしたりしたが、秦氏に与えられた太秦を含む山城地方を灌漑、開墾し、後の平安京の基礎をつくった、と言って良い。

さらに宇佐八幡神社が応神天皇以来、秦氏系との間に密接な関係が生まれ、朝廷に対しても力を持つようになり、奈良の大仏の建立に際しても支援を行ったことが『続日本紀』に記されている。アイデルバーグ氏は、仏僧行基の名を挙げているが、この僧侶もユダヤ人系であることが、その後の研究で考えられるようになった。

《桓武天皇は、奈良の平城京を捨て、そののち短いあいだ長岡京を営んだ。さらにそののち七九四年彼は都を京都に移し、そこに平安京を造る》。

アイデルバーグ氏のこの書の後、平安京は、エルサレムと同じエルシャロームから来た同義語であるという指摘が、秦氏系が桂川、鴨川だけでなく全面的に京都の建設に貢献したことが研究されることによって、なされるようになった（拙著『京都はユダヤ人秦氏がつくった』育鵬社、二〇二一年）。

8　「ヤマト民族」は「放浪ユダヤ民族」から生まれたのではない

第4章では改めて、サマリアの地にいた十部族とヤマト民族のスメラ王国と題した項目から、日ユの関係が語られる。

《多くの学者は、ヤマト民族は実際には、だいたい西暦一－三世紀頃に日本列島にやって来たと考えている。これはちょうどイスラエルの十部族が「失われた」頃、――行方不明になった頃と、ほぼ時期を同じくする》（九八頁）。

これはかつての「弥生時代」が想定された時代だと思われる。しかし、日本民族はそれ以前に、縄文時代に、日本に存在したことは明らかであり、このような考え方は、成り立ち得ないことは、これまで言ってきた。

《イスラエル人の国家として歴史は紀元前一二五〇年前に始まる（一四五〇年前という説もある）。その時の指導者モーゼに率いられたイスラエルの民は、エジプトでの奴隷状態から解放され、エジプトを脱皮し（出エジプト）カナンの地に帰着する旅に出た。カナンはかってはは神の父祖に、「あなたの子孫にこの地を与える」と約束された地であった。そこに向かった四十年におよぶ旅の後、イスラエルの民はカナンの地に入った。その地はイスラエルの十二部族に分割され、十二部族はそこに住んで、緩やかな連合体を形成した。その連合体の首都は、当時「シロ」の地にあった。エルサレムから北へ三〇キロで、十二部族は毎年、祭りを行った。また議会を開き、戦争の際に彼らを導く「士族」（リーダー）もそこで選出した》。

もしイスラエルの十二部族が、日本にやって来て日本人になったのなら、この時代に日本人が発生したことになる。しかしすでにこのころは、日本は縄文時代の末期であり、すでに「日高見国」から、「ヤマト国」に移動する時期であった。それが紀元前一〇世紀ほどであったと考えられる。アイデルバーグ氏が、ここに書いているように、エジプトを脱出したイスラエル人は、カナンの地に着くまで四〇年もかかったというが、あるいはこの時期に日本までやって来ていた可能性もあるのだ。

この時期にイスラエルにも王国が建立されている。預言者サムエルは初代王にサウルを任命した。しかし紀元前一一世紀に、サウル王はペリシテ人との戦いに敗れ、重傷を負ってしまい、自ら命を断っている。二代目はダヴィデとなり、紀元前一〇一〇年ごろ、全イスラエルの王となる。ダヴィデはユダ族の出身で、彼に始まったユダ王朝が「バビロンの捕囚」まで、四〇〇年ほど続く。このユダ族の名前が、やがてハタ氏となって、中国の秦《シン》、日本の秦氏にまでなっていった。この動きについては、アイデルバーグ氏は把握していない。

ダビデは人生の太部分を敵との戦いに費やしたが、その息子ソロモンは、政治、国際貿易、宗教、また詩作にまでその才能を発揮し、賢王の名を高からしめた、と言われる。ユダヤ人が経済、政治だけに長けているのではなく、文化に参与する力を持っていることを示していた。隣国との友好を深め、遠い国との貿易のために船団を組織していたのである。ソロモンは、エルサレムに、大きな神殿を築き、四千を超える詩や箴言《しんげん》を書き記した。エルサレムは重要な国際都市になっていった。『列王記』には次のように書かれている。《あらゆる国の民が、ソロモンの知恵を噂に聞いた全世界の王侯のもとから送られて来て、その知恵に耳を傾けた》(下五章一四節)。

ヘブライ語聖書によると、紀元前一〇世紀中ごろのイスラエル・ユダ連合王国王ソロモンのもと建設され、ユダ王国の時代にはヤハウェ神を奉じ、契約の箱が納められたとされている。ユダヤ人の歴史家フラウィウス・ヨセフスは「寺院は建てられてから四一〇年六月一〇日後に焼かれた」と書いている。

神殿は、ソロモン王がイスラエルを支配してから四年目に建設を始め七年後に完成したとされた。ソロモン王と友好関係にあったティルス王ヒラムからは、レバノン杉などの提供があったという。

このソロモンの神殿を造るために、材木を切ることが、一つの祭と化したことから、この神殿を知っていたユダヤ人系の人々が日本にやって来てこれを伝えた、と思われる。すでにユダヤ系のスサノオが出雲を支配していたが、そこを継いだ大国主命の三男のタケミナカタのカミが、高天原系のアマテラスから「国譲り」を命ぜられた後、諏訪に逃げてきた。その理由は、諏訪に早くからユダヤ人系が入っていたからである。その人々は、最も早く日本に来ていた秦氏系の人々だった。このソロモンの神殿について、諏訪の御柱祭は、もともとこうした神殿を建てるための柱を求めたことが、その由来だとされている。

《紀元前九三一年、十部族は独立を宣言、こうして統一王国だったイスラエルは、北王国イスラエル十部族、首都はシャケム、および南王国ユダ、それ以外の部族、首都はエルサレムの分断された。そののち、北王国イスラエルは首都がシュケムからサマリアに移される。サマリアは約二〇〇年間存在したが、紀元前七二一年は「アッシリアの王は……サマリアを占領した。彼はイスラエル人を捕らえてアッシリアに連れていき、ヘラ、ハボル、ゴザン河、メディアの町々に住まわせた》（列王記下一七章五―六節）。

ここで氏の文章を長く引用したのは、この間、この混乱の中で、日本にかなりのユダヤ人系の人々が、やって来ていたと考えられるからだ。私は第一波が、紀元前一一世紀頃、高天原＝日高見国の末期、乱暴狼藉を行うスサノオが天津国から国津国へ追放される時代、そして第二波がアッシリアが紀元前七二一年、イスラエル人が追放された時期で、ちょうど日本の建国の紀元前六六〇年の時代にやって来たと考えている（拙著『日本にやって来たユダヤ人の古代史』（文芸社、二〇二二年）。

興味深いのは、十部族の捕囚を行ったアッシリアのサルコン二世が次のように言っていることである。《私、サルコンは、偉大で強大なる王、諸国を土の器のように打ち砕き、エジプトの谷から、広い西方の地、ヒッタイト人の地、また太陽の昇る遠いメディアの地に至るまでを征服した。……私は治世の初めに、サマリアの都を包囲し、そこから二万七二九〇人の住民を捕らえました。また私の手が捕らえた諸国の民を、代わりにサマリアに住まわせた》(『サルコンの年代記』より)。

この「太陽の昇る遠いメディアのまちまちの地」とは、現在のイラン北西部、ハマダーン周辺を中心とする地域と考えられている。前一〇〇〇年紀にはインド・ヨーロッパ語を話す人々が居住していた。このメディア人と呼ばれる人々は当時の西アジアの大国アッシリアの記録で初めて歴史に登場し、前六一二年ごろのアッシリアの滅亡の後には新バビロニア、エジプト、リュディアと共に古代オリエント世界の大国を形成していたと考えられている。

このメディアの地は明確な国や土地名を示すものではなく、紀元前六一二年ごろ、アッシリアが滅亡するときは、ここに書いてあるように、古代オリエント世界の大国を形成していた所だ、という。私は、そうである以上、「太陽の昇る遠いメディアの町々の地」はオリエント世界の東端の大国、日本を排除できないと推測している。日本は西洋世界の認知する唯一の「太陽の昇る国」だからである。

アイデルバーグ氏は《サルコン二世自身は、その年代記に、サマリアの人々をどこへ移したかについて記していない。また、それを彼が（南王国）ユダの人々に語ったと言うことも、ありそうにない。では、サマリアの人々が「ヘラ、ハボル、ゴザン川、メディアの町々」に捕らえ移されたことを、なぜ聖書の記者に記すことができたのだろうか、聖書の記者は、どうやってそれを知ったのか》。

氏の考えることは、当然、十部族の人々（つまりユダヤ人自身）の行方がどこか、である。イスラエルの十部族が「失われた」ことについて、よく次のことが言われる。「捕囚となって遠い地に移された後、北王国イスラエル（サマリア）の人々とその王は、外部の民と同化して消え去り、二度と歴史の舞台に登場しなくなった」と。しかし、これは単なる憶測である。実際、イスラエルの十部族が他民族と同化して消滅した証拠はなく、またいつ彼らが「失われた」かについても、何の具体的証拠もない。むしろ、聖書、および他の古代記録を、十部族は少なくとも捕囚時から（八〇〇年間は、民族のアイデンティティ（同一性）を保存しながら、存在し続けていたことがわかる。彼らは当時、決して〝失われて〟はいなかったのである。聖書の「歴代誌」は、「イスラエルの神は、アッシリアの王プル、すなわちティグラト・ピレセルの心を動かされたので、彼は（イスラエルの）ルベンの部族、ガドの部族、マナセの半部族を捕囚として逃れ去り、ヘラ、ハボル、ハラ、ゴザン川に彼らを引いて行った。彼らは今日もそこにいる》（「歴代誌」上五章二六節）。

こうしたイスラエルの十部族の去就について、特に北王国イスラエル（サマリア）の人々とその王は、外部の民と同化して消え去り、二度と歴史の舞台に登場しなくなった、とする仮説に、強く反対して『ユダヤ古代誌』を引用する。《十部族は、ユーフラテス川の向こうの地に今もおり、巨大な群衆となり、その人口は測り知れない》（第一一巻第二章）。この記述がどのような数的な裏付けがあるか分からないが、同化して消え去った、と考えるより、彼らにとって勇気づけられることである。

「エズラ記」には《それから、あなたは、平和な一団を集めるのを見た。彼らは（イスラエルの）ホセア王の時代に捕囚された十部族である。かつてはアッシリアのシャルマナサル二世（サルコン二世の前王で、サマリアを三年間、包囲した）は、ホセアを捕虜として、また十部族を川（ユーフラテス）の向こうの異国に捕らえ移した。しかしそれから十部族は、異教徒の住むその地から離れ、誰も住んだことのない遠い地へ行くことを決心した。かつて自国では守れなかった律法を、その地で守ろうとしたのである》（一三章三九－四七節）。

イスラエルの十部族はアフガニスタンに向かい、またシルクロードをたたって、東方に進んだ。彼らはしだいに雑婚するようになり、モンゴロイド的な容貌に変化していった。しかし容貌は変化しても、彼らの多くはイスラエル人としてのアイデンティティを持ち続けたに違いない。それから十部族は、異教徒の住む地から離れ、誰も住んだことのない遠い地へ行くことを決心した。かつて自国では守れなかった律法を、その地で守ろうとしたのである」とアイデルバーグ氏が述べるとき、そこに日本があった、と言うべきであろう。

氏は「なぜ十部族は中央アジアを離れ、日本に向かったのか」という項目を立てている。氏によると、八〇〇年も中央アジアに住んでいたことになっている。しかし私は、五回ほどの波があって日本にやって来たと考えている。一回目と二回目はすでに述べた。モーゼのエジプトからカナンの土地に向かったころで、紀元前一二世紀から一〇世紀ごろのことと考える。二回目は、アッシリアに攻撃されたころ、前七世紀ごろである。この人々が、神武天皇の名で、大和の日本建国をし、アッシリアに追われたユダヤ人たちに来日し、その建国に貢献した。天孫降臨という、高天原＝日高見国からの西への移動で、大和に向かったのは、事実上はニギハヤヒ尊の一行が、大和に向かい、ニニギノ尊の一行が、九州（現在の鹿児島）に向かった。前者は物部氏を中心とし、後者は中臣氏を中心とした、東北の縄文人の一行であった（拙著『高天原は関東にあった―日本神話と考古学を再考する』勉誠出版、二〇一七年、同『決定版 神武天皇の真実』扶桑社、二〇二一年、『新 日本古代史』育鵬社、二〇二一年）。

三回目は、中国の始皇帝の秦国時代、中国経由の秦氏で、徐福の来日と同じ三世紀末である、と考えられる。この人々が秦氏来日の最初となる。四回目は、ローマ帝国によってイスラエルが占領され、そこから永久追放されたユダヤ人たちである。二世紀の初めである。この時代に来た人々が、第一〇代、崇神天皇の新しい大和政権を成立することに貢献した。二番目の建国（肇国《ちょうこく》）をしらすすめらみことのために貢献したのである。それ以後、彼らが、新たにローマ帝国のキリスト教国教化により、五番目は、キリスト教国から追放されたネストリウス派が蘇我氏となって、六世紀の大和を支配した。

しかし「乙巳の変」により、蘇我宗家が断絶させられ、秦氏たちに取って変わられた。こうして、五代にわたって、日本に波状的にやって来たユダヤ人系の氏族によって、高天原＝日高見国の祖先たちが、『記紀』では「神々」となって大和王朝を形成していくのである。外来系は、朝廷を守る形で、日本の政権が維持されるようになる。

こうして日本国史が、縄文時代からの高天原－日高見国系が天皇を出し、弥生時代から外来系が帰化して、朝廷を維持していく形をとるようになる。一〇代崇神天皇以降、大和国系が中心となり、平城京（奈良）―平安京（京都）と都が移り、西方が優勢になる。こうした流れが、最も新しい研究によって明らかになっているが、アイデルバーグ氏のイスラエル十部族が日本人だとすることは、こうした考察から誤りであることは、はっきりしている。ユダヤ人らの渡来以前に日高見国＝縄文時代という長い文化形成の時期があったことを無視してはならない。

その後、イスラエルから追われた十部族は、中央アジアから、中国に入り、ユダヤ人系である始皇帝が秦国を建設した。アイデルバーグ氏は、この秦国が、十部族系であることを、認識せず、漢の時代になって、開封を中心に中国系ユダヤ人として、活動すると考えている。秦国が、まさにユダヤ人系の支配する国で、広大な領地を統一する力を持っていたのは、中国人の知らぬ軍事力、経済力を持っていたから、と考えることが出来る。ユダヤ人系であるからこそ、その独裁力も強く作用したと思われるのだ。秦＝シナ＝チャイナとなったのは、彼らユダヤ人系の力である。しかし中国人に馴染めず、二、三〇年も経たず崩壊したのも、周知のことである。彼らの多くは日本に向かったと思われる。

9　アイデルバーグ氏の日本の先住民観の誤り

アイデルバーグ氏の誤りは、次のように、日本の先住民をアイヌだとしたところである。外国人の研究家は、ある国が初めから、同じ民族だったことを信じることができず、常に原住民を追い出すことで、国を建てるというパターンが当然と考える。このパターンは、大陸の国家がみな、同じだからである。しかし日本にやって来た人々はこの列島で定着し、前にいた人々と共存しようとする。縄文時代からどこからも侵略を受けていない。氏はユダヤ人たちがやって来たとき、アイヌ人がそこにいた、と考え、次のように書いている。

《先遣隊は日本に行き戻ってくると、報告する。日本は緑におおわれ、清らかな水が流れる地であること、またそこには先住民アイヌが若干住んでいることなどを、報告しただろう。十部族の長はそのとき、その地を征服し、そこには自分たちの新しい居住の地を建設することを決断したに違いない。しかし十部族が日本に上陸すると、彼らの抵抗にたじろく。彼らの抵抗を克服するために、十部族は橋頭堡を築く。また中央アジアに使節を派遣し、そこにいる人の援軍を要請する。当然のことだが、こうしてしばらくして十部族の大半の者たちが日本列島に移住してきたのである。そしてそこを「ヤマト」の地となした。彼らが日本に来たことによって、かってユダの地のユダヤ人となしていた交信は、以後途絶えてしまった。そのために彼らは「失われた」十部族と呼ばれるようになったのである》。

これはアイデルバーグ氏のフィクションである。まず十部族が、一体となって移動していた証拠はどこにもないし、それがどのくらいの規模の人々であったか、わからない。ただ『日本書紀』に人数が記されている、弓月国からの一行、一八〇〇〇人余の数を除くと、不明である。またユダヤ人が他民族と戦闘するだけの人数で移動していた、ということは考えられない。そして日本に上陸すると、若干住んでいた先住民のアイヌの抵抗にたじろくが、援軍を要請して移住に成功する、というのも氏の想定も、裏付となる何らかの資料が必要である。

現在の研究からいえば、彼らがイスラエルから追放された時期に、十部族がまとまって、ではなく、かなり分散して日本に船でたどり着いたと考えられる。かえってそれがよかったことなのだ。まとまった数ではなかったために、上陸時に大規模な戦闘はなかった。もしまとまった数の場合、弓月国から例があり、次のような経過をたどったことがわかる。

『日本書紀』によると、応神天皇一四年に弓月君《ゆづきのきみ》が百済から来朝して天皇に次のように上奏した。弓月君は一二〇県の民を率いての帰化を希望していたが新羅の妨害によって叶わなかった。そこで、葛城《かつらぎの》襲《そ》津《つ》彦《ひこ》を送り、その助けで弓月君の民は加羅が引き受けるということになった。しかし三年が経過しても葛城襲津彦は、弓月君の民を連れて帰還することはなかったので、応神天皇一六年八月、新羅による妨害の危険を除いて弓月君の民の渡来を実現させるため、平群木菟宿禰《へぐりのつくのすくね》と的戸田宿禰《いくはのとだのすくね》が率いる精鋭が加羅に派遣され、新羅国境に展開した。新羅への牽制は功を奏し、無事に弓月君の民が渡来した。

秦氏の家系図には秦の始皇帝が秦の祖ということになっているが、『日本書紀』によると、弓月君（融通王）が秦氏の祖であるとなっている。弓月君が帰化した三七二年ごろ、「弓月」という国がステップシルクロードが通過する中央アジア、現在のキルギスのすぐ北方に存在していた。弓月国はアラム語を使用し、養蚕や絹織物技術に優れていた。それらの技術を日本にもたらされた。興味深いことにヤマトゥという地や、テングリ山という高い山が　あったといいうが、ヤマトゥは「神の民」を意味する言葉だという。またテンシャン山脈に属するテングリも、天神を意味し、秦氏の拠点であった京都の愛宕山《あたごやま》は天狗伝説で有名である。確かに、その名は、高天原＝日高見国から「天孫降臨」したやって来た人々の土地なので、この地名がヤマト（大和）になったのも、テングリが天狗になったのも、あながち偶然だとは片付けられないだろう。

弓月国は、もともと紀元前　八世紀に北イスラエル王国からアッシリア人に連れ去られた十部族の中からガド族、ルベン族、マナセ族などが建てた国であると言われている。彼らは弓月国を建　国する前は、黒海北岸のクリミア半島にしばらく住んでいたことがあったようだ。黒海北岸の平原には紀元前七世紀からペルシャ系遊牧民スキタイ族が住んでいた。スキタイ族は金属武器と馬具で武装した強力な騎馬軍団を組織し、紀元前六世紀には、南ロシア、コーカサスを領域とする広大な騎馬民族国家を形成している。イスラエル人は交易などを通してスキタイ人と連合するようになり、スキタイ・サカ族としてシルクロード沿いの各地で植民、建国を行った。スキタイ文化の影響は、中央アジア、モンゴル、華北にまで及び、その結果、タタール、突厥、匈奴などの遊牧民族国家が生まれている。四〜五世紀に日本に渡来した集団の中に、このスキタイ・サカ族が含まれていたので、渡来人は卓越した産鉄、鉄剣製造技術を有していたと推測されている（注、鹿児島大学）。

また、弓月国は、六五〇年ごろに滅亡するまで景教徒（ネストリウス派キリスト教徒）の拠点であった。ネストリウス派キリスト教はネストリウス（三八一〜四五一年）を創唱者とする古代キリスト教の一派で、特徴としてはイエス・キリストの位格は一つでなく人格と神格に分離され、マリアは「人としてのキリストの母」であって「神の母」ではないと考えられている。ネストリウス派　キリスト教は、イエスは生まれながらの神ではなく天使がマリアを選び、聖霊の力によって身ごもったと告げた瞬間、聖霊の力によって聖なる人になったと考えるのである。

当時のキリスト教諸派の中で主流であったアタナシウス派（原初ローマ・カトリック）は、イエスを神の子と認めずマリア崇拝を否定したネストリウス派を四三一年の「エフェソス公会議」で異端宣告をしてキリスト教圏から追放した。イエス・キリストをメシアと認めないネストリウス派は、キリスト教というよりユダヤ教に近いと言える。

ユダヤ教徒とキリスト教徒は、ともにローマ帝国から苛酷な弾圧を受けていたが、四世紀に入るとコンスタンティヌス帝は三一三年ミラノで勅令を発し、キリスト教を公認する旨を公布した。これ以後、キリスト教が爆発的に広がり、四世紀までに住民の一割ぐらいがキリスト教徒になっていた。しかしコンスタンティヌス帝はユダヤ教に対しては不寛容で、二年後の三一五年にはユダヤ教に邪教の烙印を押す勅令を公布し、反ユダヤ教政策を強めた。ローマ帝国内における宗教闘争は完全にユダヤ教側が敗北したのである。ネストリウス派キリスト教は、発生した時代、教義、布教地域から考えて、ユダヤ教徒が迫害を逃れるために便宜上キリスト教の形を取ったものではないかと考える研究者もいる。

私もそれに首肯したい。六世紀で活躍した日本の蘇我氏は、我、蘇えり」とする

「厩戸の皇子」の名前どおり、キリストだけを認めるネストリウス派の偽装ユダヤ人であったとからです。（拙著、『聖徳太子は暗殺された――ユダヤ系蘇我氏の挫折』育鵬社、二〇二三年）。

こうした新しい考察が数多く出ており、アイデルバーグ氏の研究は更新されている。この弓月国のことも明らかになり、中央アジアに展開するユダヤ氏族で、彼らが応神天皇の時期に、天皇の保護で、日本にやって来たことが明らかになったと考えられる。

第二章

言語の比較はどんな成果を生み出したか

1　ヘブライ語の単語と日本語の単語の比較

《歴史的出来事の重要性や関連を調べるために、言葉を調べるというのは別段新しいことではない。たとえば古代ユダヤの学者は、言語は人類に対する神の賜物であると信じていたから、すべての言葉には何か神的な暗示が含まれていると考えた。それでしばしば言語を、天地創造や、歴史上の出来事を説明するための手段としてあつかった。

彼らの信条によれば、最初の人アダムはすでに言葉を発することが出来、「野のあらゆる獣」に名前をつけた。しかしこのアダムが話した言葉——アダム語（あるいはエデン語）と言っても良いが——それをなぜその後の人類は、ずっと続けなかったのか。

ユダヤの学者は次のように考える。いわゆる「バベルの塔」までは、人類は「エデン語」を話していた。一つの言語しかなかった。この「バベル」（バビロン）は「混乱をする」という意味から来ている。その地で人類最初の言語は混乱してしまった。

聖書の創世記によれば、バベルの塔以前に「世界中は同じ言葉を使って、同じように話していた」（一一章一節）が、バベルで言語に混乱が生じ、人類は民族ごとに分かれて地のおもてに離散していったのである。同じ民族は同じ言語を話し、自分たちの住むべき地に向かっていった。今日、世界には三〇〇〇以上の言語があると言われている》。

アイデルバーグ氏は、ここでユダヤ人の言語形成について語っているが、その「アダム語」というものがどういう性質のものかも、述べていない。つまりそれは「バベルの塔」によって混乱してしまったからである、という。この説明の仕方は、具体的ではないが、結局、多くの民族が出会うことによって、一つの言語が混乱してしまったということらしい。

「最初に言葉ありき」、という『聖書』の精神は、早くも「バベルの塔」によって混乱に陥る、ということだが、神の存在が有る限り、神が言葉でイスラエルの民に命令を発しており、その言葉は成立し続けていた。言語は、神であり、それによってのみ、ユダヤの民は、統一されているのだ。自然環境の厳しさ、食糧を得ることの難しさは、彼らにとっては、それが言葉によって語るとなると、自然への嘆き、他民族への敵意となって、その表現の強さ、存在の大きさをつくり出していく、と言えよう。

それに対して、日本の言語は、というと、日本列島という自然環境の中で、生きる、という事実を支えるだけの言葉で十分であったことを示唆しているようだ。山岳地帯が多い温帯にある自然環境は、水も豊富で、食糧も自ずから備わっており、太陽の規律を恩恵として深く感謝して生きることになる。そこには自然の恵み、以外のものはないからである。そこに神という自然以上の存在を必要としない。

従って、言葉も生活上の指示言語が多く、観念上の言語が少ないことになるだろう。「日＝太陽」が最も崇高な言葉であり、それ以上の「神」を思い浮かべることはない。

全く正反対の二つの民族が、日本列島で出会ったということになる。このことは、近くの中国大陸、朝鮮半島の人々の出会いとは異なるもので、重要なことなのだ。移動が簡単に行われる近隣諸国の人々は同化が比較的容易に出来る。日本には多くの中国人、朝鮮人の日本同化人がいるのだが、混血してしまうと、顔形も日本人に近く、あまり特別視されない。しかし、この西方から来たユダヤ人たちは、そうではなかった。

顔形や体型が変わっても、彼らが、日本の風土に順応してしまうかどうかで、中国、朝鮮人と変わりはなくなる。しかしそのDNA、つまり遺伝子は、彼らの性格をすべて変えていくわけにはいかない。そのイスラエルに発して、大陸を通ってきた人間たちに残っているDNA遺伝子は、同化させた日本人に大きな影響を与えた。それは自然環境に適応した具体的人間に、彼らの観念性を与えたことである。それは必ずしも一神教の「神観念」ではない。ただ「観念」なのである。日本各地に、特殊な化物に似た人々が隠れている、という観念性である。鬼、天狗、山人《やまびと》、蝦夷《えみし》などと言われた異質な存在が、ある種の民族性からもたらされた観念である。

鼻の高い赤ら顔の仙人のような天狗は、日本では、奈良時代から役小角《えんのおづぬ》より行われていた山岳信仰の中で生まれた。山伏は名利を得んとする傲慢で我見の強い者として、死後に転生し、魔界の一種として天狗道が、一部に想定されて解釈された。一方、民間では、平地民が山地を異界として畏怖し、そこで起きる怪異な現象を天狗の仕業と呼んだ。ここから天狗を山の神と見なす傾向が生まれ、各種天狗の像を目して狗賓、山人、山の神などと称する地域が現在でも存在する、こうした一部、特殊な生き方をする人種に、日本人はある種の「観念性」を与えたのである。

しかし、領地や食糧などの争いの原因がない限り、彼らとの戦争は生じない。日本では内戦らしき戦争はなかったし、近隣諸国との戦争はほとんどなかった。このユダヤ系の民族の侵入があっても、決して顕著に戦争が起こるようなことはなかった。今でもそうだが、日本人の生きる仕組みは、他を尊重し、共存することである。自然が誰にでも、恵みを与える限り、そこに収奪戦は起こらない。根絶やしにするようなことは滅多にない、と言っても良い。

『聖書』でよく描かれる民族の喪失がなかったのだ。かなり後のことだが、有名な天下分け目の戦い、「源平の戦い」でも、敗れた平家は、落人にはなったが、各地で生き残っている。海外からの侵入者だったユダヤ人系も、日本人の敵視の無さに、戸惑ったに違いない。最初は、日本人からの攻撃があるかもしれない、と恐れたに違いない。しかしそのようなことはなかったと考えられる。あの弓月の国の多数の人々がやって来ることが出来たのも、日本に許可を求めて、天皇に認可されたからだ。彼らは歓迎されさえした。

つまり、こうした融和は、当然、言語形成にも、影響を与える。敵対する関係の中では、言語の吸収は行われないだろう。歓迎されることは、言語の壁を壊すことでもあっただろう。

アイデルバーグ氏は、金田一京助氏の言葉として、「明らかに、ヨーロッパの言語とは違い、日本語は他の言語とは容易にリンクされず、グループ分けにおさまらない。もし日本語の起源に関して答えがあるとするなら、それが出るまでには、多くの学者の不断の努力が積み重ねられなければならないであろう」と書いている。この金田一氏の言葉は、残念ながら、今でも同様な状況と考えられる。

新しい日本言語形成に、ヘブライ語がどのように入り込んだかについて、アイデルバーグ氏の所論を検討してみよう。

《言語学は、二つの言語の親類関係を判断するため明確な基準は、提供していない。ただし、若干の原則は示している。アメリカの文化人類学者、A．L．クローバー（一八七六―一九六〇）は、その著『人類学』の中で、こう述べている。〝一つの言語のうち、その何千もある単語の中には、別の言語に属する単語と音が似ているというものも、ある程度の数、存在する。しかしそれらの中で、音だけでなく偶然にも意味まで似ているという単語は、一つ、二つ、あるいは多くて五つくらいは存在することがある。だから、二つの言語が親類関係にあると判断されるためには、両言語の間に、偶然とは到底言えないほど充分な数の類似語が見出されなければならない。そのとき、私たちは理にかなう確かさをもって、両者が親類関係にあると説明することが可能になる〟》。

こうして、アイデルバーグ氏は、「音節」に注目する。「音節」とは、音声の最小単位をいう。例えば日本語の「こ・と・ば」は三音節から成り、英語の word は一音節とみなされる。

《それはすべての言語において、話し手が意味ある文章を語ることを可能にする音声の一単位である音節をつなげて話して、はじめて意味がある単語や文章となる。ところで、「言語とは、人間の情報伝達のために使われる、勝手な声《こえ》シンボルのシステムである」(言語に関して定まった定義はないが、多くの言語学者は、この定義に同意するであろう。しかし、この「音声シンボル」は一連の「音節」から成っているから、この定義は、意味を変えずに次のように言い直すことができるのである。「言語とは、人間の情報伝達のために使われる勝手な音節《おんせつ》のシステムである」。これが二つの言語の間の「音も意味も同じ言葉」を偶然ととるか否かの、判断の基礎になる》。

私は、このアイデルバーグ氏の引用に、疑問を感じる。アイデルバーグ氏は、「音節」とは、音声の最小単位をいう。しかし、例えば日本語の「こ・と・ば」は三音節から成り、英語のwordは一音節とみなされる、と言っているが、日本語では「こ」も「と」も「ば」も、「こ」が、子、故、粉、古、……、「も」が、藻、毛、喪、母、……、「と」が都、戸、十、徒、……というように、母音も子音も区別なく、一つの音に意味を持つ。氏は、wordが一音節と言っているが、wは「ウ」、oは「オ」、rは「ル」、dは「デ」というように、子音と西洋語で言われる文字（カタカナで書いたから文章では違っているが、口語では区別できない）も、皆、意味を持っているとである。「ウ」は「う」、「オ」は「お」、「ル」は「る」、「デ」は「で」（dは確かに日本語には意味がないとされるだろう）。

この誤解が、氏の単語のユダヤ語と日本語の比較に、誤りの判断をさせていないか、という危惧がある。

この疑問について、アイデルバーグ氏は意識されているだろうか。

氏は英語と対比して次のように言う。

《たとえば英語に、to beat about the bushという言い回しがある。文字通りには「灌木のまわりを叩く」の意味だが、実際には「遠回しに探る」の意味で使われる。一方、to pull one's legは、文字通りには「足を引っ張る」の意味だが、実際には「いじめる」の意味で使われる。同様にヘブライ語の「ヤーッシャヴ・シヴァ」という言い回しは、文字通りには「七日すわる」の意味だが、実際には「喪に服する」の意味である。(ユダヤ人は七日間、喪に服する)。このようであるから、一つの言語に古い時代からの同様な言い回しが見いだされるとき、それはもともと両者が親類関係にあったことを強く示唆していることになる》(一三七頁)。

直訳をするとあまり意味がないことも、昔からの習慣から、別の意味を持ってくることをアイデルバーグ氏が述べているのであるが、ここには日本語に関係することは引用されていない。氏の教養はやはりヨーロッパ系の言語感覚の中で、行われている。《当初、インド・ヨーロッパ語族の人々はみな、同じ一つの言語で結ばれていた。それは「原インド・ヨーロッパ語」と呼ばれる。しかし何世紀もの間に民族の移住と分断の移住と分離が進み、それぞれの民族が話す方言は、やがて独自な言語となっていった。そして今日、それらの言語はみな、「インド・ヨーロッパ語族」に属するものと、みなされるようになった。こうした言語学者の研究は、いまだインド・ヨーロッパ語族に関してしか行われていないようである。しかし他の五族に関しても、同様の研究がなされることが期待される。また古代イスラエル人と日本人の関係についても、言語の研究が待たれる》。このことから、そのつながりが浮かび上がってくるだろうか。

右に述べたような言語学的手法を日本語とヘブライ語に当てはめ、その歴史的、また宗教的な言葉の数々を検討してみるとき、両者のつながりが浮かび上がってくる、と氏は言う。

こうしてアイデルバーグ氏は、日本語と古代イスラエル人と言語上の結びつきへの研究に向かう。私がいちいち氏の構想を引用するのは、その試みが大変、日本人にとって重要な意味を持つからである。これまでの日本国語の研究は、漢語との関係から、すべてが行われてきた。そしてその結果は、いつも同じ、日本語は漢語に由来するという結論となり、他の相違は、ほとんど斟酌されなかったのである。

2　ヘブライ語単語が日本語に影響を与えなかった例

日本語の漢字には、訓読みと音読みがある。同じ言葉でも、二つの読み方ができる。例えば、「心」の文字がある。これを「こころ」と訓読みし、「しん」と音読みする。

訓読みが、日本語であり、音読みが漢語から来る、と言ってよい。これからアイデルバーグ氏が与えるヘブライ語は、訓読みの方に、影響を与えている。そのことは、口語会話から入っていることを予想させる。

これから、本書で、アイデルバーグ氏が五百例ほど挙げているヘブライ語と日本語の検討を行っていこうと思う。まず最初に適切だと考える例だけを取り上げることにしたい。というのも、氏の挙げた例は、ヘブライ語を中心にしたもので、それに対応する日本語の選択は、かなり恣意的に感じられる例が多い。例えば、次のような例である。

① 465（アイデルバーグ氏の五〇〇例の中の番号）「ミ・カドー」と「みかど（帝）」

「ミ・カドー」は、「ミ」（……の者）＋「カドー」（偉大な）」で「偉大なる者」、すなわち「みかど（帝）」の意味になる、という。

同じ語源で「カダー」（292・93・94）があるが、これは「大きくする」という意味で、これが日本語で「過度」「誇大」「広大」という意味となる。決して「帝」を予想させる高貴さや偉大さの意味がない。日本語の「みかど」は、原意は天皇のおられる御所の門の意味で、直接名指すことを避けた婉曲表現で、そこから天皇の別称になった。よく、「ミ・カドー」が「天皇」と同じだから、日本の天皇の名がそこから来たと、定説のように語られるが、それは誤りだと思われる。

②日本語の「くまそ（熊襲）」は「ケミシ」という部族の名前から来たという。アイデルバーグ氏によると、ヘブライ語のケミシ（kemishi）は、イスラエルが、近隣に住むモアブの民の攻撃を受けて脅かされた部族の名前である。このモアブの民は、彼らの守護神ケモシュの名にちなみ、聖書で「ケモシュの民」（「民数記」二一章二九節）とも呼ばれている。「ケモシュの民」という言葉は、ごく一般的なヘブライ語において、「ケモシ」の一語で言い換えることが出来る。

日本語のクマソは古代、九州の南部に住んでいた人々の敬称であるが、『日本書紀』には、ヤマトの辺境の町々を常に脅かしていた勇猛な民として出てくる。彼らを懲らしめるため、ヤマトタケルは小さな部隊を率いてクマソの地へ向かう。彼は上着の下に短剣を隠し、策略によってクマソの王宮に入り込み、王を剣で刺し殺し、クマソを征服した（『日本書紀』）。

氏が言いたいのは、二つの言葉の類似性から、ケミシからクマソが出た、ということである。しかし、クマソという名は、熊襲と漢字で書かれている。この熊はもともと九州にいた動物ではなく、北方の生き物である。その字を名に持つ人々が九州地方にいるというのは、この一族が、北方から移ってきた人々であるということの表れだと考えられる。私は北の「高天原＝日高見国」から「天孫降臨」のときに九州にやって来た人々と考えており、氏のような類似の指摘は、クマソの歴史を知らないことによる誤り、と判断する。ユダヤ人たちがやってくる前の日本人の名であるはずである。大体、ケミシとクマソでは母音がすべて違う。氏はユダヤ人らしく、ユダヤ語が子音を重視することから、この考えが可能と思ったかもしれないが、日本語は、母音を重視する傾向があるので、母音がすべて異なるこの二語は、関係のない言葉と考えて良いだろう。

これはたとえ、氏が日本に滞在し、神社に神官としての修行をされながら、単語を習得されたとしても、個々の日本語の理解の度は、不十分であると、誤ることが多いということだ。日本の固有名詞についての不理解には次のような例がある。

氏はイスラエルの地名の「ヤボク」が、日本の「いぶき（伊吹）」という地名の元となったと言う。

《かつてイスラエル人の父祖ヤコブは「ヤボク」の渡しを渡った。(「創世記」三二章二二節)。それはザルカ川のことでヨルダンの町アンマンの北方の山地からヨルダン川へ流れ込んでいる。ヤボクはイスラエル民族の歴史に密接な関係を持っている。父祖ヤコブは、ヤボクで天使と格闘したが、そのときももを痛め、足を引きずるようになった」。これが「ヤボク」の説明である。一方、「イブキ」の説明であるが、「イブキ山(伊吹山)」は、ヤマト民族の歴史に密接な関係を持っている。『日本書紀』によれば、英雄的皇子、日本武尊は、「イブキ」山にいる荒ぶる神を従えようとして、失敗した。皇子は、荒ぶる神の所に行く途中、病に倒れ、使命をあきらめねばならなかったのである。皇子はやがて、イブキ山から遠くない「ノボ野(能褒野)」で死んでいる》。

アイデルバーグ氏が、この二つの神話の共通性と考えたことは、ヤコブとヤマトタケルが、困難な地を通るときに「天使」か、「荒ぶる神」に出会って、一方は負傷し、他方は死んでしまった、ということである。この二人の英雄の行為と、末路が似ているとのことだが、イブキは伊吹山のことであって、この山が、「ヤボク」と発音上、関係があるか、という問題を検討してみよう。

この「イブキ山」は、『日本書紀』では「五十葺山《いぶきやま》」、『古事記』では「伊服岐能山《いぶきのやま》」と記されている。ほかにも「伊吹山」や「伊吹」の別表記として「膽吹山」「伊服岐山」「伊夫岐山」「伊福貴」「異吹」「伊布貴」「伊夫伎」などがある。また、かつて修験道においては「大乗峰」と呼ばれていた。これらの名前が様々な漢字で呼ばれるが、一つも、「ヤボク」に近い音はない。すべて「ヤ」に近いものはない。確かに、iはyと同じ発音をするが、「y a」から出たと考えられる漢字（日本語文字）はない。以下の「ボク」と「ブキ」の音の違いも大きい。そうであると、場所が川と山という違い、一方が負傷し、他方が死んでしまうという話の違いが、二人の英雄のエピソードの無関係を補強することになる。

ちなみに、『日本書紀』において伊吹山の神は龍蛇体とされるが、伊夫岐神社では八岐大蛇《やまたのおろち》を祭神とする説があり、酒呑童子を伊吹山の八岐大蛇の子とする物語もある。また、『近江国風土記』において伊吹山の神である多多美彦命は霜速比古命の子であるとされる。

このことは、イスラエルの神話には見出せない、動物神が入ることにより、日本神話の独立性が明確となる。

③また、アイデルバーグ氏は、日本人が主食とする「こめ（米）が、ヘブライ語の「カマ」に由来すると主張している(47)。

日本語の『語源由来辞典』（サイト）を参照すると、コメ（米）の語源は、「こめる（籠める）」の連用形が名詞化したとする説が有力となっている。古く、米は「ヨネ」の使用例が多く、「コメ」の語は使用例が少ない。「コメ」の語が多く用いられたのは、改まった儀式の場であったことから、米には神聖なものや生命力のようなものが宿っており、「籠められたもの」の意味で「コメ」になったといった解釈もある。平安中期以降、「ヨネ」は古語として扱われ、「コメ」が多用されるようになった。

私がこの日本語のコメが、ヘブライ語の「カマ（穀物）」から来たという説を支持しないのは、日本人が自然から得た米には神聖なものや生命力のようなものが宿っており、外国から来たものとは思われないからである。「籠められたもの」の意味で「コメ」になったという説を支持するからである。縄文土器を見ると、縄を結界と見て、その中に入っている「籠められたもの」を精神的なものとみているからである。

それに「カマ」と「コメ」は、ユダヤ人にとっては子音が同じなら、似ていると取るだろうが、日本人は母音を基本として言葉をつくるから、異なる解釈がされるはずである。

④「シャーク・ヤカ」と『すきやき』

「シャーク」は煮る、というヘブライ語で、「ヤカ」は「火にかける」である。煮るために火にかける、という意味である。一方の日本の「すき焼き」は、アイデルバーグ氏は、「肉や野菜を煮込んだ料理」としか書いていない。

すき焼きの歴史については、《江戸時代中期、関西には元々農具の鋤《すき》を鉄板代わりにして貝や魚を焼く「魚すき」「沖すき」と呼ばれる料理が存在していた。その鋤で牛肉を焼いたものを「鋤焼《すきやき》」と呼ぶようになったのが語源とされる、という認識である。日本では幕末になるまで、牛肉を食べることは一般には行われていなかったが、別に「すきやき」と称された料理は存在していた。古くは江戸時代前期の寛永20年（1643年）に刊行された料理書『料理物語』に「杉やき」が登場しており、これは鯛などの魚介類と野菜を杉材の箱に入れて味噌煮（砂糖は使用しなかった）にする料理である。さらに享和元年（1801年）の料理書『料理早指南』では、「鋤やき」は「鋤のうへに右の鳥類をやく也、いろかはるほどにてしょくしてよし」と記述されている》。

また、文化元年（一八〇四年）の『料理談合集』や文政一二年（一八二九年）の『鯨肉調味方』にも具体的な記述が見られ、使い古した鋤を火にかざして鴨などの鳥肉や鯨肉、魚類などを加熱する一種の焼き料理であった。他にも、すき身の肉を使うことから「すき焼き」と呼ばれるようになったという説もある。この魚介類の味噌煮の「杉やき」と、鳥類・魚類の焼肉という「鋤やき」という二種類の料理が、「すき焼き」の起源として挙げられている。

［注で「士農工商老若男女賢愚貧福おしなべて、牛鍋食わねば開化不進奴（ひらけぬやつ）」と表現していた」

仮名垣魯文《かながきろぶん》の『安愚楽鍋《あぐらなべ》』には東京の牛肉店の様子が書かれており、多種多様な牛鍋が表現されていて、その中にすき焼きもある。松尾は一八五四年（嘉永七年）に箕《み》作阮甫《つくりげんぽ》が長崎で農具のスキでスキ焼きを食べてから、一八七一年（明治四年）の安愚楽鍋での鉄製の厚手の縁のある浅いスキ焼き鍋に変わり、現在のスキ焼きに二〇年足らずで統一（定型化）された可能性があると書いている。

坂井は明治の初めの牛鍋というのは牛肉を使った鍋料理全般を指し、肉と葱を使うというところまでは共通理解であったが、他は客が決めていたのであると書いていて、一方、すきやきはというと、当初、牛肉を使った鍋料理のうち焼肉に近い食べ方をする鍋を指したようで、これも牛鍋に含まれていたと書いている。試行錯誤が行われるうち明治七年には醬油味の鍋が主体になってきたようで、明治一〇年には「鍋で飯だ」というだけで鍋が出てくるようになったと書いている。

江戸時代にすでに食べられていた、という認識があるが、それ以前の歴史においては、あまりなされていない。日本では幕末になるまで、牛肉を食べることは一般には行われていなかったが、別に「すきやき」と称された料理は存在していた、ということは、「すき焼き」という料理の起源は、もっと古かった、と考えられる。そこにユダヤ人たちが、この料理を日本に持ち込んでいた可能性はある。ただ「シャーク」は煮る、「ヤカ」は「火にかける」という意味だというが、これだけでは「すき焼き」と他の「煮る・焼く」を伴う料理とを区別する特徴が一切、わからない。煮るために火にかける、という意味だと、「シャーク・ヤカ」の発音の違いが、この説を支持しがたい理由となるのである。

⑤また、281「ナガー」（シリア語）と「ながい（長い）」の例についても、反論しておこう。

《長いの「なが」は、流れるの「なが」と同根と考えられている。気持ちが穏やかになる意味の「なぐ（和）」の異形「なが」を語根に、動詞化して「ながる（流る）」となり、形容詞化して「ながし（長し）」になったというもの。ただし、「息の長い」「気が長い」などは、長短を表すところから生じた比喩的用法であるため、「なぐ（和）」からの派生とすると、成り立ちの前後関係に疑問が残る》（出典：『語源由来辞典』）。

アイデルバーグ氏が示すシリア語の「長い」の意味は、このような意味で、共通すると考えられる。

しかし日本語の時間の「長さ」が極めて大きい要素になって、社会秩序がつくられていることに注目する必要がある。

この説明には、日本で「年功序列」、「長幼の序」、といった人間関係の重要性を示唆するものがあまり感じられない。このような言葉は、現在でも日本社会の人間関係の基本であり、また団体の序列に関して、その古さの順が序列をつくる、という日本の慣行について、考慮が感じられない。

まずは「年が多い。年上」の長いものに長という言葉がつけられる（例：長男、長女、年長）。またそれに関係して、年上の「おさ（長）」、多くの人の上に立ち、統率する（まとめる）人。その意味の長さは、目上（地位、身分が上の者）、ちょう（例：村の長、首長、学長、長官）。

この長の意味は、日本の縄文時代から存在したもので、ヘブライ語関係ではなかったものと考えられる。

⑥ ４０１に挙げている「カテ」と「かた（肩）」の例がある。これは偶然の例であろう。

ヘブライ語で「カテ」は肩のことで、それが日本語の肩になったのだろうと、氏は推測する。日本語の「かた（肩）」は、人間や動物にある身体上部の一部のことであるが、しかし「かた」と呼ばれる日本語には肩以外にも、型、形、定型、習慣、慣例、きまり、パターン、タイプ、証拠・保障のしるし、方、方角、方位、あるものの一方、仕方、方法、頃、時代、このお方、係、住んでる主の所、潟、干潟、津、浦、土地の位置、片方、揃いの一方、欠けているところ、不完全、偏っているところ、わずかばかり、かたがつく、過多、など、極めて意味・用法が多い。このことを考えると、ヘブライ語の「カテ」が肩となった、ということは、偶然のように思われる。人間の身体の一部の肩は、人間の体すなわち「形《かた》」の上部で、その基本の形をつくる最も重要部分であるからだ。その「形《かた》」から、肩と書く、「かた」の呼び名が生まれたのではないか。自然に生まれた言葉で、ヘブライ語から借りた言葉ではない、と言える。

アイデルバーグ氏の説が支持できるものばかりではないことをここまで示してきたが、実のところこうした間違いや意見の相違を指摘することは、日本語の由来を探るのに、あまり生産的ではない。ユダヤ人も日本人も同意する例を取り上げた方が、読者にとっては、有意義であろう。ここでは、アイデルバーグ氏が取り上げた五〇〇例から、日本語から判断して、ヘブライ語起源である蓋然性が高いという言葉、約二〇〇例を取り上げる。

第三章

日本語がヘブライ語起源と思われる単語集

アイデルバーグ氏が主張するヘブライ語起源の日本語の単語は五〇〇例出されているが、この章では、氏の言うとおりであると首肯できる例を見てみよう。数は必ずしも多くないが（五分の一ほど）、これらだけでも、一つ一つ、検討していくと、明らかにユダヤ人が来日していたことの証になると思われる。以下、（1）、（2）……と（ ）括りで通し番号を示しているが、これは私が、蓋然性が認められるとした例の、本書での通し番号である。

（1）「ホゼ」（ヘブライ語読み）と「へざ」（日本語読み）

まずヘブライ語の「ホゼ」hozeと日本語のへザhezaであるが、前者は「占い師」を意味し、後者は「戸座」と書かれる。後者の日本語の意味は、漢字自体は意味がないが、日本語としては『延喜式』にも出てくる、占い師のことなので、hozeからhezaになったものだ、と述べる。

確かに「戸座」という漢語は存在しない。hozeをhezaと聞いて、そのまま漢字にしてしまった、ということになる。『日本国語大辞典』を引くと、《神祇官に属し、天皇、皇后・皇太后・太皇太后の三宮、斎宮などの祭祀に参列し、外出に随行する者。

特定の地域の七歳以上の未成年・未婚の男子から卜によって定められる》と書かれ、日本の朝廷での独自な地位名と考えられる。大変蓋然性があり、正しいように思える。アイデルバーグ氏が、神官として神社に勤めた体験から判断したものの好例だと思われる。

この「占い師」のことであるが、飛鳥時代は占星術が日本で取り入れられた時代でもある。平安時代の安倍晴明で有名な「陰陽道《おんみようどう》」に発展するものである。例えば、日本の象徴である天皇陛下の「天皇」というのは、この飛鳥時代に出てきた言葉で、実は北極星という意味である。天体はすべて北極星を中心にして回る。従って、世界は天皇を中心にして回るという思想に由来する。ちなみに、陰陽道で天体観測に従事していた人が「天文博士《てんもんはかせ》」と呼ばれ、暦《こよみ》に従事していた人が暦博士《れきはかせ》と言われた。後の博士という称号もこの辺から来ている。

(2)「ネボ」と「のぼ(能褒)」

「ネボ」とは、「申命記」(三四章一節)にある山の名前であり、エリコの野から遠くない。ここで、モーゼは約束の地カナンを見渡し、その後、まもなくネボの山か野で、世を去ったとされている。一方、「ノボ」は、能褒と漢字を当てるが、『日本書紀』によれば、三重県北部にある台地でヤマトタケルは薨去《こうきよ》した、と書かれている。三重県亀山市田村町に能褒野《のぼの》神社が建立され、祭神は次の三柱とされている。

●1　主祭神

・日本武尊《やまとたけるのみこと》

●2　配祀神

・建貝児王《たけかいこのみこ》

・弟橘姫命《おとたちばなひめのみこと》

・墓は『延喜式』諸陵寮にも「能褒野墓」とみえるが、現在は所在不明となっている。一帯には日本武尊の陵墓と伝えられる古墳がいくつかあったが、明治一二年（一八七九年）に「王塚」あるいは「丁字塚」と呼ばれていた前方後円墳（現在の能褒野王塚古墳）が、内務省によって「能褒野墓」であると定められている。モーゼは、ヘブライ人全体にとって重要な存在で、長じてエジプト人を殺害し、砂漠に隠れていたが、神の命令によって奴隷状態のヘブライ人をエジプトから連れ出す使命を受けたとされ、エジプトから民を率いて脱出したモーゼは民とともに四〇年にわたって荒野をさまよい「約束の地」にたどり着いたが（モーゼは神の指示を忠実に守らなかった過去があり、約束の土地を目前にして、ヘブライの民はそこに入ることができてもモーゼはそこに入ることが神から許されず）、約束の地の手前で世を去ったという。

私は、モーゼとヤマトタケルが、『聖書』と『日本書紀』や『古事記』における「神」としての神格に差があると感じる。ヤマトタケルは、第一二代景行天皇の皇子で、熊襲征討・東国征討を行ったとされる伝説的英雄であるが、天皇は東征の際に、斧鉞《ふえつ》を授け、《お前の人となりを見ると、身丈は高く、顔は整い、大力である。猛きことは雷電の如く、向かうところ敵なく攻めれば必ず勝つ。形は我が子だが本当は神人（かみ）である。この天下はお前の天下だ。この位（＝天皇）はお前の位だ》と話し、最大の賛辞と皇位継承の約束を与え、お伴に吉備武彦と大伴武日連《おおとものたけひのむらじ》を、料理係に七掬脛《ななつかはぎ》を選ぶ。出発した日本武尊は伊勢で倭姫命より草薙剣を賜る。

しかし一方で、『日本書紀』では、別様に語られる。殺したとされる兄大碓命は存命で、意気地のない兄に代わって日本武尊が自発的に征討におもむく。天皇の期待を集めて出発する日本武尊像は栄光に満ち、『古事記』の涙にくれて旅立つ倭建命像とは、イメージが大きく異なる。しかし、稗田阿礼《ひえだのあれ》が語る『古事記』の方が正しく、ヤマトタケル像は、日本人の姿をしていない人物なのである。少なくとも、そのことを強調しているようだ。すでにユダヤ神として認定できるほど、アマテラス系の神々と異質な行動をとっており、風体も日本人らしからぬものだ。「ネ」と「ノ」は異なるものの、このeとoの母音の違いは気にならないほど、アイデルバーグ氏の言う、日本に帰化したユダヤ人系の血を受け継いでいるように考えられ、その指摘は正しいように思える（拙著『日本神話と同化ユダヤ人』〔勉誠出版、二〇二〇年〕「日本武尊は誰であったか」参照）。

（3）「キシ・イダ」と「かしわで（拍手）」

「キシ・イダ」というアラム語は、手を叩く、という意味で、他に「たたく」を意味する「ハカシャ」というヘブル・アラム語があるという。

その同じ意味の「カシワデ」が、「拍手」と書くので、この「ハクシュ」と、ヘブル・アラム語の「ハカシャ」との類似の方が、両言語の近さを感じさせる。いずれにせよ、この両語の類似は、発音上で認めて良い。ユダヤ人たちが集まった時に、拍手する習慣を日本に持ち込んだのであろう。それまでの日本人は沈黙のうちに、認めあっていた、と思われる。

（4）「クムツア」と「くもつ（供物）」

ヘブライ語の「クムツア」は、「一つかみ」を意味し、聖書では神に捧げる供え物に関する言葉としている（「レビ記」二章二節）。

これが日本語の「供物」（クモツ）という言葉の出どころだろうという。確かに、秦氏一族は、やって来てから、神道も仏教も、その儀式化を推進し、宗教にお金なり、寄付が必要だと考えたのも彼らのはずである。従って、神前や、仏前に供える、この「供物」が彼らの言葉から来たことは首肯して良いだろう。

（5）「トシア・ゴイ」と「としごい」

ヘブライ語で「ホシャ・ナ」hosha naは、今も、ユダヤ人が「仮庵《カリイオ》の祭」（収穫祭）の祈りの中で、使っている。これは「助けたまえ」の意味で、「トシア・ゴイ」は、「国を助けたまえ」の意味だという。日本語の「トシゴイ」は、年のはじめに豊作を祈る祭りで、古くから「トシゴイの祭り」（祈年祭）と呼ばれてきた。

アイデルバーグ氏は、このように、比較的、簡単に両民族の、年越えの儀式を論じているが、もっと深い意味合いがあることを、ここで述べておきたい。

イスラエル人には「過越《すぎこし》の祭」があることが知られている。これは何に由来するものであろうか。

彼らは、エジプトに避難したヨセフの時代以降の長い期間に、奴隷として虐げられるようになっていた。神は、当時80歳になっていたモーゼを民の指導者に任命して約束の地へと向かわせようとするが、ファラオがこれを妨害しようとする。そこで神は、エジプトに対して十の災いを臨ませる。その十番目の災いは、人間から家畜に至るまで、エジプトの「すべての初子を撃つ」というものであった。神は、二本の門柱と、鴨居に、子羊の血がついていない家にその災いを臨ませることをモーゼに伝える。つまり、「過越の祭」の名称は、二本の門柱と、鴨居に、子羊の血のついている家にはその災厄が臨まなかった（過ぎ越された）ことに由来する。日本の赤い色をした鳥居が、稲荷神社などにあるが、このことに由来するとも言われている。

この祭事は、元は遊牧民において冬の宿営地から夏の宿営地へと移動する際に行われていた厄除けのための祭事が起源であり過越とは関係のない祭であったが、上記のような出エジプトにおける過越の伝承と結びつけられてユダヤ教の祭となったと考えられている。種入れぬパンの祭（除酵祭）もまた、起源は過越とは関係のないイスラエル人がカナンに定住するようになった時代の農業祭であったが、過越祭と除酵祭がともに種入れぬパンを食べる習慣を持ち、また祭の時期も近かったため、二つの異なる祭が併合されて一つの祭となったと考えられている。

日本における「大晦日」という慣習は、日本文化に古くからある「歳神様《としがみさま》」、または「歳徳様《としとくさま》」への信仰に基づく儀礼から生じており、これらは歳徳神《としとくじん》などとも呼ばれるその年一年間を司る神様である。年の初めから来られるため、「正月様《しょうがつさま》」とも呼ばれ、各年によって来られる方向が異なり、その方角は「恵方《えほう》」と呼ばれる。この神様は神社のような宗教施設ではなく各家々に訪れると昔から信じられていたため、神様をお迎えし食事を共にしたりするために大晦日から「年籠り《としごもり》」をして（元旦に恵方にある近所の神社へ参拝する恵方詣りをすることもあるが）元旦も家で過ごすことが一般的であった。

（6）「トシュヴェイ・グモ」と「つちぐも（土蜘蛛）」

ヘブライ語で表現で、「穴に住む者たち」のことを「トシュヴエイ・グモ」と呼び、とくに古代イスラエル人を脅かしたエドム人は、聖書には、「岩の裂け目に住む」者たちと言われている、とアイデルバーグ氏は言う。私は『記紀』で「土蜘蛛」が登場するので、これは帰化ユダヤ人だな、と形象学的見地から思っていた。

西洋で、彼らの姿を見ていると「美」と「醜」に極端に分かれている。その「醜」も顔のそれだけでなく、体もまた変化に富んでいる。彼らはバスケットボールに強い選手がいるが、手足が長い。長い各地への遍歴で、さまざまな血が入り、美醜、長短、さまざまで、小さい人もいる。彼らが痩せていけばそうした姿を予想できるのである。「美」の方は、戦後のハリウッドの美男・美女がユダヤ人ばかりだったのは、その筋の人ならわかるはずである。

日本人は、これまで、『日本書紀』に現れた彼らを、農民そのものと卑下したり、蝦夷《えみし》だと言ったり、天津神に対する国津神と言ったりしてきた。その言い伝えは、大和をはじめ、東は陸奥《みちのく》から西は日向《ひゅうが》に及ぶ、広範囲に見られる。アイデルバーグ氏は、ヤマト王権の征伐伝承の中に、抵抗する凶賊として登場し、穴に住んで未開の生活を営み、凶暴であるとして、異民族視されてきたそれを、ユダヤ人のことだった、とこの言葉の類似から、断言されるのである。

（7）「エルサレムに上る」と「都へ上る」

アイデルバーグ氏は『日本書紀と日本語のユダヤ起源』において、両民族の言葉の類似性を語る第5章の最後に、「都に上る、下る」という言い方も、ヘブライ語から来たのではないか、と述べている。聖書時代のイスラエルでは、例えばある人が、聖都エルサレムに行く時、「エルサレムに上る」と表現した。一方都エルサレムから他の地域に行く時は、「エルサレムから下がる」と表現した（「詩篇」一二〇編表題「都に上る歌」、「ルカによる福音書」一七章一一節「エルサレムへ上る途中」など）。

アイデルバーグ氏は日本人が伝統的に、都に行くときは、上る、という言葉を使うことを指摘している。しかし、これがヘブライ語から来た言い回しであろうか。

都・エルサレムの場合は、高い丘の上の街であり、上る、下るは物理的に上ることがまず存在した、と思われる。「都へ上る」という言葉は、都に高い地位の存在が居住し、物理的に上るのではなく、精神的な意味で上の方へ参ることを意味する。日本の場合は、天皇がそこに住まわれている、という意味で、「京に上る」という言葉になった、と思われる。イスラエルの場合は、王は、神よりも低い存在であり、神はどこにおいても天に存在するものである。エルサレムの場合と異なると判断される。

日本の場合は、中国から来た言い回しだと、考えがちであるが、中国にはこのような「都に上る」という意味の表現はない。韓国にはあるようだが、それはアイデルバーグ氏が言うように、日本統治時代から使われたものと考えられる。

アイデルバーグ氏が前述の第五章で掲げた九例の類似語を検討すると、六例が両言語に結びつきがある可能性が高い、と考えられる。しかしそうと思われない三例は、同一民族を思わせるより、異なる民族であることを示す方の例と捉られる。ただ、やはりこれだけ結びつきのありそうな例があるとなると、二民族が、何らかの強い結びつきがある、と判断して良いであろう。多くのユダヤ人埴輪の例は、言語にまで及んでいたことを裏付けるのである。

《二つの言語の間に、音も意味も同じ、あるいは非常に類似した言葉が数多く見いだされるとき、それらの言語を話す両民族が過去において密接な関係の中にあったことは、疑いの余地がない》。

しかしこのアイデルバーグ氏の言葉は、単語が似ている、ということであって、言語構造が似ているということではない。言語構造の類似性で言えば、生活形態が似ている、という近隣諸国の方が近いものを持っているであろう。

氏の言う、四〇年近く前の単語の類似性を示すこの書をさらに深め、確実にするユダヤ人の書はこれ以後出なかった。日本人はユダヤ語を理解する人々はごく少数であるから、無理からぬことであるが、ユダヤ人側に、アイデルバーグ氏の追随者がいないのは残念なことである。ヘブライ大学のシロニー名誉教授にお会いしたことがあるが、氏の日本研究においても、この問題には触れていない。アイデルバーグ氏は必ずしも、アカデミズムの学者ではなかったかもしれない。アカデミズムの人々は、ここまで踏み込む日本語研究者がいないということなのだろう。同じ分野であると言っていいのだが。

この二言語の間に類似が「数多く見出される」という表現を裏づけるには、結局、個々の単語の由来を、一つ一つ検証して比較していく以外にない。アイデルバーグ氏は、《だから私は、古代において日本人とイスラエル人が密接につながっていたことを示す「充分な数」の証拠として、本章において、日本語とヘブライ語の類似語例を五〇〇程示したいと思う》と述べる。私はその五〇〇例を一つ一つ確認する作業を始めた。氏と私の違いは、ユダヤ・アラム語を知っている者と、日本語・漢語を理解できる者、という立場の違いだが、後者の立場で、検討することになる。その一〇例ほどはこれまで行ったが、ここからは氏の配列番号に従って、述べていきたい。

日本語を知る立場として、数えたところ、明らかにおかしい、とは感じられるものが、133例のうち、56例あった。まず、氏の示す1から6までのものは、日本語を理解するものとして、必ずしも首肯できないと感じられた。ここでは賛成できるものを列挙しておきたい。

例えば、1は「アガム」と「あぐむ」であるが、意味として、前者は悲しむ、疲れる、で、後者は倦《あぐ》む（飽き疲れる。もてあます）であると言う。悲しむ、という言葉は、感情を語るもので、「あぐむ」はなかなか出来ない、というような状態をいう言葉である。前者が疲れる、という意味もあると言うが、「あぐむ」には疲れる、という感情の意味はあまりない。後者の意味合いが、前者の専門家の氏には理解されていないように思う。

しかし7、8は正しい、と判断される。

（注・この番号はアイデルバーグ氏が、『日本書紀と日本語のユダヤ起源』の一五四頁以降、新たに1から500番までつけた番号。カッコをつけた番号は、その中で、日本語から見て、正しいと私が判断したヘブライ語・アラム語由来の言葉の通し番号）。

（8）「アンタ」と「あなた（貴方）」7（アイデルバーグ番号）

共に「貴方」の意味で、これは同意せざるを得ない。しかしこの場合、「貴方」は丁寧語としての漢字を使っているから、もっと日常用の「貴方」に代わる言葉を使っていたに違いない。日本語ではそれだけ沢山の同じ意味の言葉がある。お前、てめえ、君、貴様、おのれ、われ、そち、その方、あなた様、貴方、汝、お宅、自分（関西地方の方言で）などがあるが、日常的には、お前、おのれ、汝などが使われ、丁寧な意味で、ユダヤ人の言う「アンタ」を、「あなた（貴方）」に変えたのであろう。

（9）「アッセイ」と「あっせい（圧政）」8

同じ発音の「アッセイ」と「あっせい」で、前者が「抑圧する」と後者が「圧政」で、同じ意味を持っている、と考えられる。この「アッセイ」を後者の「圧政」の漢字に当てはめるとき、前者のヘブライ語を知っていた可能性が高い。

改めて言うが、日本人の私にとっては、ヘブライ語の読みと意味と対照する日本語を判断するものである。その判断について、氏が生きていれば、厳密になりすぎている、と述べるかもしれない。ただ氏が言う1の「アガム（悲しむ）」と「あぐむ（倦む）」が、「明らか」に同じ、と言うわけにはいかない。

ただ、ユダヤ人側から見たとしても133例の中で、56例もある、ということは、日本語が、後から来たユダヤ人の言葉を取り入れた、と推測させる関係にあると、と判断できる。日本語が言語としてすでに成立しているところに、多くのユダヤ人の単語が加わったのである。

（10）「バレル」と「ばれる」13

「バレル」と「ばれる」もまた同音同義語なのだが、口語的な言葉で、隠しごとが他人に知られてしまう。秘密が明らかにされる、露見する、という意味となる。その意味から、「ばれる」は、ユダヤ人的な言い方の影響である可能性は濃厚である。秘密裏に事を行うユダヤ人の「行為」が「明らかになってしまう」というのを日本人が「ばれる」と言い出したものであろう。

(11)「タベル」と「食べる」14

「タベル」と「食べる」も全く同じ発音で、同じ意味を持っている。このような日常的に使われる言葉が、同じなのは意外であるが、日本にはもともと、「食う」という、より短い同意味の言葉があって、それの謙譲語として、あるいは上品な表現として、加わったのだろうと予想させる。「食べる」が「食う」「飲む」の謙譲語となり、次に、通常語となり、その謙譲語、あるいは丁寧語、として「いただく」とか「食《と》ぶ」という言葉が使われるようになったと考えられる。

(12)「ホウク」と「ほうき（法規）」32

「ホウク」と「法規」が同じ意味というが、こうした法律関係の言葉もヘブライ語から取り入れられたとすると、この分野もユダヤ人系が活躍したのだろうと思わせる。

(13)「ヘビア」（まむし）と「へび」（蛇）38

蛇は日本では古代から日本人には親しい動物であった。

民俗学者の吉野裕子《ひろこ》氏によれば、日本の古語ではヘビのことを、カガチ、ハハ、あるいはカ（ハ）等と呼んだ。つまり、「へび」より、前に、一つの名前ではなく、二、三の名前で呼ばれていた、と考えられる。それだけ多様に受け取られていた。また、これらを語源とする語は多く、鏡（ヘビの目）、鏡餅（ヘビの身＝とぐろを巻いた姿の餅）、ウワバミ（ヘビの身、大蛇を指す）、かかし（カガシ）、カガチ（ホオズキの別名、蔓草、実の三角形に近い形状からヘビの体や頭部を連想）などがあり、神（カミ＝カ「蛇」ミ「身」）もヘビを元にするという。つまり多くの類似の自然物とこの動物とが関連づけられて語られていたのである。

さらに、カガチはホオズキの古語、鏡の語源は「かが（影）＋み（見）」、カカシはカガシが古形であり、獣の肉や毛髪を焼いて田畑に掛け、鳥や獣ににおいをカガシて脅しとしたのが始まりだった。「へび」の名の前に、日本語で多様に呼ばれていたのである。従って、「へび」の名が呼ばれるようになったのは、後代のユダヤ人が来てからであった、と言える。

（14）「ホレル」と「ほれる（掘れる）」41

「ホレル」と「ほれる」は、前者は「穴を掘る」という意味で、日本語の方も同じ「掘る」という意味だという。ただ「ほれる」というのは、掘ることが可能だ、という意味となる。このような土の仕事でよく使われる言葉だから、古代から日本人自身の言葉であったと思われる。その意味で、「掘る」を表す言葉として、「うがつ」という動詞が使われたと思われる。上代では「うかつ」と言われた、と古語辞典には書かれているが、「穴をあける」「掘る」。また、突き通す。貫く。「雨垂れが石を―・つ」などの言葉から、袴《はかま》・履き物などを身に着ける。履く、という意味もある。「押し分けて進む。通り抜けて行く」などの意味もあるから、こちらの方が「掘る」より多様に使われていただろう。「うがった見方」のような、人情の機微に巧みに触れる、物事の本質をうまく的確に言い表す、などの用法もあり、「うがつ」という言葉は「掘る」よりも、深い使い方がされているようだ。

(15)「カベツ」と「こべつ（個別）」46

「個別」とは、辞書をいちいち引用しなくとも「全体を構成しているものを切り離した一つ一つ。個々別々」という意味であることは、誰にでも、理解出来よう。しかしこの言葉の対になるのは「全体」という言葉である。このように、対立語を持っている二元性がある言葉、そして抽象性のある言葉は、やはりヘブライ語起源を感じさせる。

つまり個々の要素という意味だけでなく、その概念自体が二つの異なった根本原理を基に出来上がっていること。また、その原理（Weblio国語辞典）。こうした言葉が、現実の日常空間で、見えないものは、「神」という抽象語を信じる民族の言葉であろう。『普通術語辞彙』（徳谷豊之助・松尾勇四郎著、敬文社、一九〇五年）によると「其の二元として立するものは、或は物質と精神を以てするものあり、或は思惟と広延を二元となすものあり」というように、縄文人の具体性の中で生きることで満足している自然人にとって、新しい概念を与えたはずである。このことは、近代になって、西洋の哲学をすでにこの時代に理解できる素地をユダヤ人の到来は、与えていたことになる。

（16）「カメーン」と「かめん（仮面）」49

仮面自身が作られたのは、日本においては縄文時代に遡る。

最古の面は縄文時代中期前半（5千年以上前）の土面であるとされている。また木製仮面では、現存する最古のものは弥生時代終末（3世紀）の纒向《まきむく》遺跡から出土したものという。

ただ、アイデルバーグ氏がこの語がユダヤ人がもたらしたものだ、と主張するのは無理からぬことである。伝統芸能である能（能楽）などに用いる仮面（能面）等は、秦河勝《はたのかわかつ》が祖であるとする、世阿弥の『風姿花伝』にその言葉があるように、能楽の仮面は、確かにユダヤ人系がもたらしたものであるからだ。もっとも、日本では、わざわざ仮面とは称さず、単に面と呼んだり、専門的には「おもて」と呼んだりするが、アラム語に「カメーン」という言葉があるのなら、正しいかもしれない。ただ、その意が「隠れる」とか「隠す」「覆う」という動詞だという。面をかぶるとき、カメーンと言ったから、日本で仮面という名が生じた、と言うことが出来るだろう。

(17)「カラス」と「枯らす」51

「枯れる」という言葉は植物を愛する日本人が秋を連想しやすい動詞だが、「枯らす」となると、その植物に対する能動的な言葉となり、主体の責任を感じさせる。そうした意味の言葉なら、ヘブライ語であると思って良いだろう。自動詞と他動詞の違いだが、日本人は自動詞を重んじる傾向にある。逆に、日本にやって来たヘブライ人が、日本人化していくにつれて、他動詞から自動詞に主たる用法を変えていくことがあるに違いない。

(18)「カサ」と「かさ(傘)」54

ヘブライ語も日本語も、傘を、同じ発音で呼ぶ。このことは、どちらが最初か、と当然考察の対象となるが、日本では、「かさ」は笠とも書く。つまり「傘」の前に、頭にかぶる「笠」があったと考えられる。最初から骨構造を持つ傘はなかったはずだ。ユダヤ人系の人々がもたらした「カサ」は、秦の始皇帝の時代、兵馬俑が作られたが、その一つに、始皇帝を乗せた馬車があり、その馭者《ぎょしゃ》が丸い傘の下にいる。これが中国製と考えられていたが、始皇帝は、実際は、宰相のユダヤ人系呂不韋《りょふい》(ロフイ)の子で、この時代が、十二支族のユダヤ人系が西方中国に流浪していた時代で、これは彼らがもたらしたもの、と考えられる。少なくとも、紀元前三世紀の西方騎馬民族が、使っていた、雨傘か日傘であった。よく見ると、これは、洋傘の初期のものと同じと

始皇帝の馬車にある大きな傘

考えられるが、それは近代の「こうもり傘」の一つでもある。日本の伝統的な工法と材質で作られたものを和傘は、笠で頭にかぶるものであった。

《日本語では、古来「かさ」とは笠を指し、傘は「差しがさ」と呼称した。「笠」は、柄がなく頭にかぶるものである。それに対し「傘・簦」には柄（え、から）があり、「からかさ」とも読む。頭上を防御するための傘を「さす」は、「刺す」ではなく「差す」である》。この『ウィキペディア』での説明は、そこに掲

時代祭で使われた笠（平安時代？）

載された写真とともに参考になった。

アイデルバーグ氏は、ヘブライ語の「カサ」が、覆う、とか、守る、といった動詞の意味だという。そうなると、笠とか傘の意味とは異なる。覆う道具を使う時に、この言葉を発したことによって傘や笠が日本語として、成立したと考えているのであろうか。

ただ、同じ「笠－傘」として、偶然の一致にせよ、このヘブライ語が、この言葉を、成立させるのに役立ったことは否定できないだろう。氏の説には反対はしない。

(19)「コオル」と「こおり（氷）」64

(20)「コオル」と「こおる（凍る）」65。

ヘブライ語の「コオル」が、日本語の「こおり（氷）」と「こおる（凍る）」の二つの意味を持っているという。

日本語では「しみ・こほ・る（凍み凍る）」は、「凍りつく」という意味だが、例えば、鎌倉時代前期の『宇治拾遺物語』（二・一二）には、《雨降り、雪降り、風吹き、いかづち鳴り、しみこほりたるにも》（[訳] 雨が降り、雪が降り、風が吹き、かみなりが鳴り、凍りついているのにも）という文があるが、この強い寒さの表現は、冬になると、日本では日常的なものである。ただ日本の、縄文時代は、温暖化しており、東北、北海道にも人々が住んでいた。その長い時代、凍るような寒さがなかったと考えることが出来るかもしれない。

紀元前一〇世紀以降、ユダヤ人がやって来た後、人々は南下して関西、四国、九州に住み始めたが、彼らがもたらした「コオル」という言葉が頻繁に使われるようになり、氷も見られるようになった、と推定出来るだろう。こうした考察から、これは正しいと考えられる。この言葉が、さらに深化して「凍りつく」という言葉が、「ある事に唖然として、深く引き込まれる」という表現にもなった、と言える。

(21)「ミツ」と「みつ（蜜）」79

いずれも、「みつ」と発音するから、即座に、氏の言うように、ヘブライ語起源と言いたくなるが、しかし、もう少しその理由を述べておこう。日本でも、縄文時代、植物などの採取や狩猟を行っていたから、蜂蜜を取っていたかもしれないという考えも湧いてくる。しかし「蜜」という漢字に訓がないことからわかるとおり、もともと日本の食料品ではなかった。蜜は蜜柑《みかん》のような強い甘味を意味していた。蜂蜜の用途は、甘味料ではなく、漢方の他の薬品と混ぜる緩和のためや、強壮剤、蠟燭、整髪剤の原料になった蜜蠟のためなどに使われたと言われる。

しかし、ユダヤ民族も属する、西アジアでは、古代から蜂蜜は重要視され、蜜酒原料、甘味料、滋養剤、交易品、ときには遺体保存剤として用いられた。養蜂を始めたこの地域を中心として、東ヨーロッパから南アジアに至る広大な地域には古代から蜂蜜に特別な位置を与える文化伝統が続いた。現在でもとくに婚礼時の蜂蜜の使用に呪《じゅ》術《じゅつ》的意味を考える民族が少なくないという。ユダヤ教、キリスト教の伝統では、神の言葉、神意にかなった人物の形容に他の甘味料（とくにブドウの糖分）を含む蜜に相当する語を用い、あるいは約束の地の形容に蜜と牛乳を組み合わせたりもする。中国でも蜜酒および飲料の原料、漢方医薬の製造用などの利用方法は知られているが、仏教説話で蜜を一時的快楽の比喩《ひゆ》に用いて、真の悟りを妨げるものとしたことにみられるとおり、中東のように、蜂蜜を神聖視する文化伝統は存在しない。このように考えると、日本の「みつ（蜜）」はユダヤ人到来とともに使われたが、彼らの伝統には従ってはいない［注：原淳著『ハチミツの話』（一九八八・六興出版）渡辺孝著『ハチミツの百科　新装版』（二〇〇三・真珠書院）清水美智子著『はちみつ物語――食文化と料理法』（二〇〇三・真珠書院）］。

(22)「ナサ」と「なす」86

アイデルバーグ氏は、日ユ同祖論者として、ユダヤ人十二支族が、日本民族を形成する、という仮説を信じるあまり、少しでも類似した意味と発音を持つヘブライ語と日本語の単語を並べ、その歴史的な関連があろうがなかろうが、同一起源と考える傾向が強い。彼の判断の半分以上は、そのようなもので、私は、日本語を母国語とする者の立場から、それらを同起源語から除外した。

その中にこの二語がある。ヘブライ語の「ナサ」には、「生む」とか「妊娠する」という意味がある。一方、日本語のな・す【為す・成す】には、1「実行する」「行う」と、2「変える」「……にする・ならせる」、3「作り上げる」「実現する」「成就する」などの意味がある。

確かに、生む、という意味もある。例えば、

「おのがなさぬ子なれば、心にも従はずなむある」［訳］私が産んだのではない子なので、（かぐや姫は私の）意向にも従わないでいる。

貴公子たちの求婚に対して竹取《たけとり》の翁《おきな》が答えるが、自分たち夫婦の本当の子供ではない、と言うくだりである。日本語の「なす」は、「生む」の意味もあるが、その意味も、使用頻度も、さらに大きい言葉となっている。

（出典：竹取物語）

私は、このかぐや姫の存在は、竹から発見された月からやって来た姫の設定だが、その日本には見られない絶世の美人ぶりから、中東の、多分、ユダヤ人の美女を想定している（拙著『老年こそ創造の時代―「人生百年」の新しい指針』勉誠出版、二〇二〇年）。月は、中東のシンボルともなっている。つまりユダヤ人の女性が、中東の

故郷に帰ろうとしているのだと。しかし月に帰るほどに困難なはずである、と。

（23）「レアヤ」と「りゆう（理由）」94

氏はヘブライ語の「レアヤ」の説明で、「見る」を意味する「ラア」から来た語で「証拠」「証明」を意味するが、単にそうした実例に基づく「理由」の意味にもなる、と述べている。「レアヤ」と「りゆう」には、発音上の連関は少ないが、日本人がユダヤ人の言う「レアヤ」の発音を「リユウ」と聞いたとして、考察してみよう。日本の辞書には、「り‐ゆう〔‐イウ〕理由」とは、1　物事がそうなった、また物事をそのように判断した根拠。わけ。子細《しさい》。事情。2　いいわけ。口実。3　論理的関係においては、結論に対する前提。実在的関係においては、結果に対する原因。根拠。⇔帰結、と書いてある。この最後の3の項目は、まさに近代西洋の論理学上の解説である。これはユダヤ人たちが、「証拠」「証明」と表現する、論理的な言葉である。日本語では、「わけ」「子細」「いいわけ」「口実」といった言葉で口述するものである。いずれにせよ、ユダヤ人も日本人も、論理的に話す言葉を持っていたことになる。

「シャガム」は、ユダヤ人たちが来るヘブライ語の「シャガム」は曲がる、という意味で、そこから日本語の「しゃがむ」が生まれたという。このような日常的に使う言葉は、ユダヤ人たちが来る以前に、以前に、別の言葉があったと考えられる。それが「かが・む【▽屈む】」という言葉であるが、かがむ、よりも、しゃがむ、と言った方が親しみ易く感じられる。同じく「こごむ」とか、「くぐむ」と読んで、漢字では「屈む」と書くのは共通している。

「かがむ」は「前かがみの人」などのように前傾の姿勢をもいうが、「しゃがむ」はひざを曲げ腰を落とすからだ全体の動作を表す、という違いがある。類似の語に「うずくまる」がある。「うずくまる」は頭も前に曲げ、からだ全体を丸く小さくする動作で、「物陰にうずくまる」「子犬がうずくまって寝ている」などと用いる。

類語は、「かがめる」・「こごめる」・「しゃがみ込む」・「へたり込む」・「うずくまる」・「つくばう」・「膝を抱く」・「膝を折る」・「膝を屈める」など豊富に存在する。日本にやって来たユダヤ人が「シャガム」と言ったのでいつの間にか、日本語に加わったのだろう。

（25）「シュラ」と「しろ（城）」109

この「シュラ」は、要塞とか砦の意味というが、これが日本語の城、の語源ではないか、という。日本語の城、といっても、その城が、歴史的にどんな機能を持っていたか、でイメージが変わってくる。どのように機能していたか指摘がないと、即座に「要塞」とか「砦」と同じだ、と言うことは出来ない。ヘブライ語で、戦争のために使われる「シュラ」が、日本語の居城としての城、平城京、平安京のような都城には、必ずしも対応しない。しかし一方で、東北地方で、砦として柵《さく》が造られ、城柵と呼ばれたが、それを指すなら対応すると、言えるかもしれない。陸奥国の多賀城、胆沢《いさわ》城なども、その意味を持っているだろう。ユダヤ人が来ていた時代には、必ずしも、要塞の城が造られていたとは思われない。室町時代以降にこうした軍事目的の城が造られたのであるから、シュラがシロに変わった時代が、古代だったとは思われない。室町時代や戦国時代には、天然の地形を利用した山城《やまじろ》や、領国の平野を見渡せる丘の上に立つ平《ひら》山城が造られた。シロは白に通じ、小高い丘の上に立つ白い城の壁から、この名に変わったのではないか。というのも、シュラとシロでは語感があまり同一だと思われないからである。

(26)「シュム」と「すむ（済む）」114

「シュム」がアイデルバーグ氏が書いているように、ヘブライ語の意味は「結論」、「終わり」、「終了」といった、人々の行事の最後のことに関する言葉である以上、共同の仕事の上で重要なものである。「終わり」良ければすべてよし、という「終わり」である。一方、「すむ（済む）」を、辞書にはサイ　す（む）す（ます）セイ［常用外］わた（る）［常用外］わた（す）［常用外］すく（う）［常用外］な（す）［常用外］など、時の経過の最後を示す言葉とともに、「救済（キュウサイ）」、「経済（ケイザイ）」、「返済（ヘンサイ）」、「完済（カンサイ）」、「決済（ケッサイ）」の言葉が示すように、「すくう」「たすける」「盛んになる」という意味もある。これらの意味が日本語に入っている以上、そのまま同じ意味とは言えない。

(27)「ソトー」と「さとう（砂糖）」）116

日本には奈良時代に鑑真によって伝えられたとされているが、もしもこの「ソトー」が日本の砂糖の起源となると、ユダヤ人が、日本に最初にもたらした、と考えられるから、この言葉の関連性は重要になる。これまでは、こうした外来物は、すべて中国から来たと書かれている七世紀の、唐において精糖技術が伝播する以前は、砂糖はシロップ状の糖蜜の形で使用されていたと言われる。唐の太宗《たいそう》の時代に西方から精糖技術が伝来すると、持ち運びが簡便になった。当初は輸入でしかもたらされない貴重品であり医薬品として扱われていた、と書かれている。しかしユダヤ人が、「ソトー」の名でもたらされていたとなると、別の経路でやって来たことになる。

砂糖の歴史では、その発明は2500年前と考えられている。インドからイスラム圏とヨーロッパへ順に伝播していったという。これをユダヤ人たちが、日本にもたらした可能性がある。砂糖以前に、食物史から考えてみると、蜂蜜、蘇《そ》、甘葛煎《あまずらせん》、飴《あめ》などがその主なものであったという。蜂蜜や飴は今日でも用いられているが、蘇や甘葛煎は、現在、実物を味わうチャンスはほとんどない。

しかし、「蘇」については、私は、ユダヤ人がもたらしたものと考えている。これは動物質の甘味料で、乳から酪《らく》を作り、酪から蘇を作り、蘇から醍醐《だいご》を作る、つまり乳製品である。奈良朝の頃、ユダヤ人系が作った牧場で、蘇が作られていた。その蘇は貢進の重要な一品で、薬用に供されたのである。この「蘇」は、六、七世紀に日本で活躍した蘇我氏と関係し、「蘇我氏」の「蘇」からその名が取られた可能性がある。というのも、現在でも蘇我氏建立の奈良の飛鳥寺では、この「蘇《そ》」という甘いチーズのような菓子を販売している。この蘇我氏自身が、六世紀初めに渡来したユダヤ系のキリスト教ネストリウス派の人々であったと考えることが出来る。彼ら自身がその「ソトー」を持ってきたのではないか、と推測出来るであろう。

日本ではそれ以前には、甘味をつけるため、甘葛煎が用いられていたと考えられる。甘葛は深山に自生する蔦《つた》の一種で、蔓液に濃い甘味を含んでいる。秋から冬にかけて葉の紅葉するころ、松や杉にからんでいるものを、地上より少し上のところを切断し、そこから液を採る。この液汁は蜜のように甘く、これを煮詰めて濃縮したものが、甘葛煎という甘味料として利用されてきた。奈良や和歌山県の山間部では、今でも甘葛を採取する風習がある。『延喜式《えんぎしき》』(平安時代の法令集)には、諸国からこれが貢進されたことが記されている。古名をとどき、味煎などともいった。『枕草子』には、「あてなるもの(上品なもの)」として、「削《けず》り氷《ひ》にあまづら入れて、あたらしき金鋺《かなまり》に入れたる」などとみえている。

次いで蜂蜜であるが、今日でも甘味料にも薬用にも使われている。薬用としての価値は、ローヤルゼリーが出現するに及んで神秘化されるにまで至っている。もともとは山野にある蜜蜂の巣から蜂蜜を採取したのが起こりであろうが、養蜂による蜂蜜の採集は、意外なほど古くから始められていたようだ。『日本書紀』皇極天皇2年（643年）、「百済《くだら》の太子余豊《よほう》、蜜蜂の房四枚《すよつ》を以て、三輪山に放ち養《か》ふ、而して終《つい》に蕃息《はびこ》らず」蜂の四家族を三輪山に放ったが、ついに繁殖しなかった──という記述がある。文献として最古のものである。すでに述べたように、ユダヤ系であった百済ではすでに養蜂が行われていたことをうかがわせる。『延喜式』の諸国年料供進の項に、甲斐、相模、信濃、能登、越中、備中、備後の7ヵ国から1ないし2升の蜜を供進させたことが載っているから、平安時代には朝廷に蜜を供進させていたことは明らかであるが、この蜜がいかなる方法で得られたかは書かれていない。しかし、少量で貴重品であったから、当初は薬用にするのが関の山であったろう。蜜は当時ミチと呼び、調味料として用いた。

日本で使われていた甘味料として、飴について触れておこう。「飴」という漢字は音読みはイで、古書には「阿女」と訓じ、今もアメで通っている。『日本書紀』神武紀に、「水無くして飴を造らん」と、出ているが、飴を「たがね」と読ませている。

『延喜式』に「糖」とあるのは飴のことで、砂糖のことではない。『和名類聚抄《わみょうるいじゅしょう》』に、「飴は米もやしの煎なり。阿女」と、記されており、古くは米もやしを使ったもののようである。『箋註《せんちゅう》和名類聚抄』には、

「今の俗、飴を作るに麦もやしを用ふ。米もやしを用ひず」

とあるから、麦もやしを用いるようになったのは、後のことらしい。江戸期の百科事典『倭漢三才図会』には、麦もやし、あるいは穀芽同諸米を用いる——とあって、麦芽を用いるようになったのは後世のことである。飴造りを業とする者が多くなったのは、室町時代からで、その頃から飴に豆を入れた菓子が上流の人たちの間で賞味されるようになった。

紀元前4世紀に東方に遠征し、一時ギリシャからインドに至る大帝国を作ったアレキサンダー大王（前356〜前323）がインドを攻めたとき、兵士たちがインドで砂糖を見たというのは、紀元前320年前後のころであった。兵士たちが北インドに進入したとき、「蜂が作ったのではない固い蜜」を見つけて大喜びしたというのである。このとき以来、ごく僅かな砂糖が隊商を組んだ商人たちの手によってヨーロッパにもたらされていた。

しかし、砂糖の生産がヨーロッパその他の地域に広く伝播したのは、イスラム教徒の手によってであったと言われるが、実を言えば、ユダヤ人商人によってと考えられる。「砂糖はコーランと共に」西へ西へと旅していった。7世紀初頭にアラビア半島で生まれたイスラム教は、たちまち広い地域に広がり、のちには東方ではインド、インドネシア、中国の一部にも伝わり、西方は今日のトルコや北アフリカにも布教の手を広げた。西方に広がったイスラム教徒の支配した地域には、砂糖黍《さとうきび》の栽培と製糖の技術が次々と伝えられていった。中でもキプロス、ロドス、クレタ、シチリアなど、今のトルコからイタリアにかけての地中海東部の島々で、その栽培が盛んになった。それればかりか、モロッコなどの北アフリカやスペインにも、栽培が導入されていった。中国史の上では漢時代から存在していたと言われるが、文献上に砂糖のことが多くみられるようになったのは唐の時代からである。

『本草綱目《ほんぞうこうもく》』沙飴の項には、唐の太宗が初めて人を遣わしてその法を伝え、中国に入る――とある。その頃、南方から貢進されたものらしい。唐より宋にかけて製糖法が発達し、濃汁から結晶砂糖を作るようになった。太宗以前にも、西域の製法によって作られた紫沙糖（黒砂糖）があったが、太宗が人を遣わして天竺で作られている糖霜

（白砂糖）の製法を学ばせたのである。

　日本に初めて砂糖が伝来したのは、太宗より一〇〇年後の孝謙天皇の天平勝宝6年（754）、唐僧鑑真が来朝したときの舶来品の中に、「石蜜、蔗糖、蜂蜜、甘蔗」とあるのがそれである。石蜜とあるのが今の氷砂糖あるいは堅飴製品であり、蔗糖が今の砂糖である。これらは薬用品で、調味料ではなかった。石蜜、蔗糖などは「七日薬」と称し、不食戒を護持する律僧の所持する品であった。

　もっとも砂糖は奈良朝時代の学問僧や遣唐使によって輸入されたことも考えられる。時代は平安時代になるが、延暦20年（801）に帰朝した最澄の「献物目録」の中には、砂糖を進上したことがみえ（『伝教大師正伝』二）、奈良朝時代にもこのようなことがあったと推定し得るからである。（独立行政法人　農畜産業振興機構ホームページより、「日本人と砂糖の交流史」食物史家　平野雅章。「朝食と砂糖」女子栄養大学助教授　三浦理代）。

（28）「タラー」と「とりい（鳥居）」118
氏が指摘するように、アラム語の「タラー」が、「とりい（鳥居）」となったか、この問題は、神社建築を考える上で重要な問題である。

「タラー（門、扉）」と「とりい（鳥居）」という、発音もやや異なるし、扉のついた門、の意味から言えば、似ているとは言えないこの二つ。しかし、ラビ・マーヴィン・トケイヤー氏の『聖書に隠された日本・ユダヤ封印の古代史―失われた10部族の謎』によると、「出エジプト記」にある、モーセが玄関口の二本の柱と鴨居に羊の血を塗らせ、災いが静かに通り過ぎるまで家の中で待つように指示した故事が鳥居のルーツであるという。つまり、「玄関口の二本の柱と鴨居」という言葉が、日本の鳥居の形と対応する限り、このユダヤの「タラー」が近いものと考えて良いだろう。

通常、イスラエルの門は柱だけのものはなく、城壁を穿つ形で、街を守る堅固な入り口、出口になっている。日本の鳥居のような簡単な構造物は、結界を意味する象徴的存在であり、神道のような自然信仰にふさわしい。イスラエルの門は、城内の市場の端にあって、商業用通路となる。門から城外へ出ると街道があり、そこから隣りの国に向かう。ダマスカス門は、シリアの首都ダマスカスへ行く出発点である。このような門を、神社の鳥居と比較するわけにはいかない。

これとは別に、もともと「鳥居」の起源については、国内起源説や外国起源説など諸説あり、考古学的起源についてはっきりしたことはわかっていなかった。まずは、単に木と木を縄で結んだものが鳥居の起こりであると考えられるし、鳥の止まり木（鳥が居るところ）が語源とも言われる。この止まり木（あるいは神前止まり木）説のほか、「とおりいる（通り入る）」が転じたとする借字説も捨てがたい。トーラナを漢字から借音し表記したとする説などもある。Karow&Seckel は鳥居の名称を鳥（Vogel）そのものに求め、死者の家として家屋の中心部だけを残して崇敬の対象としたとの説をとる。

構造そのものに着目した説としては、鳥居桁（架木《ほこぎ》）説とでも呼ぶもので、そもそも建築用語として高欄の横木の最上部のものを鳥居桁と呼ぶことは奈良時代の資料から明らかになっており、障子の上桁の横木を鴨居と呼ぶのと同じく、「トリイ」とは古くからの建築用語であり、これが神社門に転じたとする説がある。奈良時代に「トリイ」の語は建築用語として存在し、平安初めに一般神社門は「トリイ」と俗称され、平安中期にはこの名称が庶民によって用いられたとする説もある。

文献によれば古くは「於不葺御門《うへふかずのみかど》」（皇太神宮儀式帳）と称して、奈良時代から神社建築の門の一種としている。いずれにせよ、八世紀頃に現在の形が確立している、とする。

そのほか主要な説として、天照大御神《あまてらすおおみかみ》を天岩戸から誘い出すために鳴かせた「常世《とこよ》の長鳴鳥《ながなきどり》」（鶏）に因《ちな》み、神前に鶏の止まり木を置いたことが起源であるとする説、日本の冠木門《かぶきもん》に起源を求める説もある。冠木門とは、門柱に貫《ぬき》をかけたもの。江戸時代には櫓門《やぐらもん》や楼門ではない平門を指していたが、明治以降は屋根を持たない門を指すことが多い。

インド仏教にみられるトーラナや中国の華表《かひょう》や鳥竿、牌楼《ぱいろう》、朝鮮半島の紅箭門《こうぜんもん》（ホンサルムン）、イスラエルの移動型神殿、雲南省とビルマとの国境地帯に住むアカ族（英語：Akha people、中国ではハニ族と呼ばれる）の「村の門（ロコーン／ロッコン）」など海外の多くの種類の門に起源を求める説などがある。ユダヤ教と関連があるとする説もその一つである。

• 満州には鳥居のような冠木門が見られる。日本では大阪の四天王寺や奈良の寶山寺《ほうざんじ》（生駒聖天《いこましょうてん》）などの寺院に鳥居が存在し、神仏習合の結果であるとされるが、上座部仏教（南進仏教）のタイなどの寺院でも鳥居の形をしたモニュメントや門が各地に散見されるという。

前述のアカ族の「パトォー・ピー（精霊の門）」という村の入り口の門では、上に木彫りらしき鳥が置かれることや、鳥を模した造形物を飾る風習もあることが実地を調査した研究者から報告されていることから、日本の神社でよく見られる「鳥居」の原型は、アカ族らが長江流域から南下、避難してくる前、長江流域に住んでいた時代（百越人であった時代）の「鳥居」ではないのか、という説もある。アカ族の村の門と同様の鳥の木形は日本での稲作文化の始まりとされる弥生時代の遺跡である池上・曽根遺跡や纒向遺跡でも見つかっており、また他の多くの遺跡でも同様である。

結論を言えば、「タラー」と「とりい（鳥居）」は、発音も同じ音とは言えないし、中国、朝鮮を含む、様々な門とも形がかなり異なる。日本の鳥居は、鳥の意味でいえば、中国のアカ族のそれが原型ではないか、という説があるが、しかし名前は鳥居であっても、鳥はいない日本の「神明造《しんめい》り」の鳥居は、その単純性、その高貴さにおいて、抜群の美しさを持っている。

(29)「ヤドウル」と「やどる（宿る）」128

「ヤドウル」は語源「ドウル」から、「住む」「宿る」の意を持つ、という。この言葉は、当然、旅人が使う言葉として、重要である。その意味では、遠く旅してきたユダヤ人たちがこの言葉を多用し、日本人がそれを使うことは十分に可能性がある。しかし、日本語の「やどる（宿る）」にはさらに色々な意味が他にもある。

やど―・る【宿る】の解説

［動ラ五（四）］《「屋取る」の意》

1　旅先で宿をとる。また、一時的にそこに住む。「僧坊に―・る」

2　その場所にとどまる。「葉に夜露が―・る」「健全な精神は健全な肉体に―・る」

3　妊娠する。「子が―・る」

4　虫・植物などが寄生する。「回虫が―・る」

5　星がその座を占める。「太陽が牡羊座に―・る」

この中で、3の妊娠する、という意味は、家族生活にとって重要な意味を持っている。しかし、この言葉が、「宿る」の、原義とは考えられないから、ヘブライ語から来たことは、十分考えられる。

この「宿る」の意味から、固有名詞で、「宿禰（すくね）」の「宿」の意味として、ユダヤ人系が旅人として認識され、武内宿禰《たけのうちの》をはじめとする宿禰姓が出来たと考えられる。

（30）「ユルシェ」と「ゆるし（許し）」　１３３

この日本語の「ゆるし」には、願いを聞き入れること、許可すること（許し・聴し）、または、罪・過失・無礼などをとがめないこと（赦し）の意味がある。この言葉には、礼儀上の非礼を「許す」という場合と、宗教的な「罪」を「許す」という意味があり、後者の宗教的な意味は、自然信仰の日本人は、ほとんど使用しないだろう。ユダヤ人的な宗教的発想のない日本人には、新しい言葉だったと推測される。その意味で、ヘブライ語から来た、と言って良いだろう。

（31）「アーミン」と「えいみん（永眠）」　１４０

母音の読み方は、英語でもAがアーとかエイと読むことがあるが、こうした母音の違いだけで、子音の読み方が同じ、ミンと共通する、というところで、ヘブライ語と日本語が共通する、その例としてあげられたのが、「アーミン」と「えいみん（永眠）」

である。しかし日本語の「えいみん（永眠）」は、人が永遠の眠りにつく、ということで、死去の文学的な表現である。現代では、この言葉は、キリスト教の用語、概念として認識されている。

アイデルバーグ氏は、「アーミン」は「ベイト・アルミン」で、「永遠の家」を意味し、墓のことで、この「アルミン」のrをアーと伸ばした言葉だという。その墓の意味が永眠という日本語をつくり出した、というのである。日本語で、「逝去」と同じ意味であるが、このヘブライ語の「墓」が、「永眠」のことだと、日本人が受けとったとしても、意外なことではないだろう。

(32)「ハラー」と「はらい（祓い）」149

「ハラー」とは清めることであるが、清めの宗教用語のことではない。ところが、日本語の「はらい（祓い）」は、神道上の重要な言葉で、天津罪・国津罪などの罪や穢れ、災厄などの不浄を心身から取り除くための神事・呪術だということは、知られている。伊勢神宮では、年越しの大祓が行われるが、これが神事の中心であると言って良い。祓の神事を行うことを、修祓《しゅばつ》（または、しゅうふつ）という。神前での祈禱を、災厄除けの祈禱（本来の意味の「祓い」）以外のものも含めて「お祓い」という。また、神社が頒布する災厄除けの神札も「お祓い」と呼ばれる。

「お祓い」は、神道の神事において、禊《みそぎ》や斎戒の後に行われる、極めて重要な意義を持つ「浄化」の儀式である。祓の意義は、神を迎え交流するための準備として、罪穢れのない清浄な空間をつくりあげるという点にある。そして、罪穢れについては、神事に臨む個人のものだけではなく、この世界のあらゆる罪穢れを徹底的に祓い浄め、「明《あか》き浄《きよ》き正しき直き」境地を求める姿勢こそが、神道の根本思想とされる。以上のように、神道の根本思想に直接関わるがゆえに、祓の意義は極めて大きく、祓のない神道祭式は存在しないとさえ言われる。

つまり、神道のこれらの神事において、「この世界のあらゆる罪穢れを徹底的に祓い浄め」られるという考えがあることだ。

なぜ、この「祓い」が大事か、というと、これこそ、ユダヤ、キリスト教の「原罪」という、人間にお祓いすることが出来ぬ概念があるからだ。「原罪」は日本人の「罪」と異なるのである。日本には人間の「原罪」というものが存在しない。その代わり、「天津罪」「国津罪」が書かれており、「原罪」に対する別の考え方をうかがい知ることが出来る。重要なのは、この「罪」と聖書に最初に書かれるアダムとエヴァの「原罪」とは異なるということである。

折口信夫《おりくちしのぶ》は、天津罪は元は「雨障（あまつつみ）」で、梅雨の時期に農民が忌み籠ることを指していたが、それが「天つ罪」とされ、日本神話におけるスサノオ（建速須佐之男命）が高天原で犯した行為（岩戸隠れを引き起こした罪）と解釈されるに至り、それに対応するものとして「国つ罪」がつくられたという説を唱えたが、この説では具体的な行為の「罪」が語られている。

「祓《はらい》」の最も古い記述は、この『記紀』のスサノオを描く部分で登場するのである。

アマテラス（天照大御神）はスサノオとの誓約で身の潔白を証明した、と考え、高天原で、勝ちに乗じて田の畔を壊して溝を埋めたり、御殿に糞を撒き散らしたりして乱暴を働いた。アマテラスは「糞は酔って吐いたものだ、溝を埋めたのは土地が惜しいと思ったからだ」とスサノオをかばった。

しかし、アマテラスが機屋《はたや》で神に捧げる衣を織っていたとき、スサノオが機屋の屋根に穴を開けて、皮を剝いだ血まみれの馬を落とし入れたため、驚いた一人の天の服織女は梭《ひ》が陰部に刺さって死んでしまった。ここでアマテラスはついに怒り、天岩戸に引き籠った。高天原も葦原中国《あしはらのなかつくに》も闇となり、さまざまな禍《まが》が発生した。

そこで、八百万の神々が天《あま》の安河《やすのかわ》の川原に集まり、対応を相談した。オモイカネ（思金神）の案により、さまざまな儀式を行った。常世《とこよ》の長鳴鳥《ながなきどり》（鶏）を集めて鳴かせた。鍛冶師のアマツマラ（天津麻羅）を探し、イシコリドメ（伊斯許理度売命）に、天の安河の川上にある岩と鉱山の鉄とで、八咫鏡《やたのかがみ》を作らせた。タマノオヤ（玉祖命）に八尺の勾玉の五百箇《いおつ》のみすまるの珠《たま》（八尺瓊勾玉《やさかにのまがたま》）を作らせた。

スサノオが高天原で、このように暴れたので、恐れたアマテラスが天岩戸にお隠れになったが、スサノオに対して、その罪（大祓にある天津罪・国津罪）を犯したので、多くの「贖《あがな》い」を科され、髭と手足の爪を切られた（この「髭」＝美豆良＝ベイオト。「レビ記」にユダヤ人はベイオトをつけるべし、とある）ときに、スサノオは、日本人に同化したと思われる）、高天原から追放されてしまう。『日本書紀』では、一説に、スサノオが高天原で得た物を千の倉に蓄えたというので、これをすべて没収した、という。スサノオは、漢字で建速須佐之男命と書くが、この最初の「建速《タケハヤ》」は、その倉を速く建てたことから出た言葉と思われる。以上のような罰を与えたことを、償いとして、それを「解除《はらえ》」としているのである。

「禊」については、『記紀』によれば、これ以前に、イザナギ（伊弉諾）が死んだイザナミ（伊奘冉）に再会しに行った黄泉から帰ってきた後に、禊を行ったと書かれている。

神前で祈り、祓詞《はらえことば》を奏したり、財物などを祓物《はらえもの》として拠出させることで、その罪や穢れを贖《あがな》わせる。なお、出雲大社には、祓について「不浄を清浄に、不完全を完全に、不良を善良にすること。更には災いを除き幸福と平和を齎《もたら》す」という教義がある。

そしてさらに、祓による浄化の効果を増大させるために、祓所《はらえど》を作り、祭場とは別の場所に忌竹を立てて、斎場《いつきば》とすることもある。神職は、祓所の前で祓詞を唱え、神事に参列する者たちの頭上や、供えられた神饌《しんせん》の上を、それぞれ左・右・左の順に祓串（大麻）を振って祓い浄める。また、神事によっては、沸騰させた塩水の湯をそれぞれに振りかけることもある（塩湯行事）。「祓い」には、これほど念の入った行事を行うのである。

大規模な祓は「大祓」といって、年に二回、六月と一二月の末日に大祓式の中で行われる。大祓式の趣旨は、大祓詞を唱え、あらゆる人々の心身の穢れや、無意識のうちに犯した罪や過ちを祓い浄めて、災厄を避けることにある。大祓式で、禊と祓の両方の内容が記された大祓詞を唱えることで、ありとあらゆるものの罪穢れを祓い浄められるとされる。無論、ユダヤーキリスト教で、「原罪」と言われるものも含まれている。この点でもユダヤーキリスト教の特色を、ある意味で否定する宗教をつくり出していることになる。

かつて、伊勢神宮の御師《おし》が全国を廻って神宮の神札を配っていたが、神札を入れる箱のことを「お祓い箱」と呼んでいた。新しい神札が配られると古い神札は不要になるため、「お祓」を「お払い」にかけて、不要なものを捨てる（人を解雇する）ことを「お祓い箱（お払い箱）」という。こうして精神的にも、物質的にも、日本人はあらゆる「罪」というものを、人生途中でも、祓い、忘れていくことにより、新たな精神で、人生を送っていくことになる。

本来、神事における浄化の儀式としては、「禊」と「祓」とがあり、「禊」が身体の「穢れ」を除去して浄める行為を指すのに対し、「祓」は罪や災いを取り除く行為を指していた。だが、両者は機能が近いこともあり、記紀の時代にはすでに、「ミソギハライ」と複合した言い方もされるようになっていた。

日本の法の世界においても、本来の「祓」には「穢れ」を除去する要素は含まれておらず、天津罪・国津罪などを犯した者が財物を献上することで、神に祈謝・贖罪を行う一種の財産刑であったとする見方があるという。これはスサノオが、高天原から追放されるときに没収の刑にあうが、これが財産刑の始めと考えられる。

•律令国家成立以後は、「大祓」が国家儀式として行われるようになった。『古事記』仲哀天皇の段では、天皇の崩御により国の「大祓」を、『日本書紀』では天武天皇のころに諸国の「大祓」を、それぞれ行った記載がある。後の鎌倉時代以降は、「大祓」は断絶したが、神社関係の文書では「穢れ」の存在を理由として「祓」が一定期間延期・中止されたとする記述が確認され、「祓」は「穢れ」を除去するものではなく、反対に「穢れ」を忌避するものと認識されていたことが知られている。

•「大祓」は一八七一年（明治四年）に再興され、現在は、全国の諸社のほか、宮中や伊勢神宮でも行われるようになり、非常に重要な神事と認識されるようになった。

ヘブライ語の「ハラー」という言葉と「祓」という日本語との関連があったとしたら、「原罪」は逃れられないユダヤ・キリスト教徒と、「祓」ですべての「罪」を消してしまう日本とが、同じ発音の言葉でも、二民族の差異を明確に示すものであることには驚かされる。同じ言葉でも意味は異なるのである。

・必要以上に、「祓」について、資料を引用してきたが、それはこの言葉が、日本の宗教＝神道の最大の特徴となり、これによって、日本人が、不当な苦しみ、罪障感に悩まされることがなくなった、優れた思想を生み出したことにも思いを致すからである。神社建立を推進したのが、秦氏系であるから、故国の宗教の非を、日本で、打ち消そうとしたのかもしれない。いずれにせよ、日本の自然観は、その思想を促進させたのであろう。

（参考文献：『神道行法の本―日本の霊統を貫く神祇奉祭の秘事』学習研究社、二〇〇五年）

（33）「ヘイ」と「へい（塀）」152

ヘブライ語の「ヘイ」が日本語の「へい（塀）」の元であるとするアイデルバーグ氏の判断が、もし正しいとすると、これは大きな示唆と考えることが出来る。つまり日本の塀は、ユダヤ人がやって来た後、作られたものだ、と。

「八雲立つ　出雲八重垣　妻ごみに　八重垣つくる　その八重垣を（口語訳・雲が幾重にも湧く出雲の地で、妻との新居によい場所を見つけた。妻のために垣根を幾重にも造ろう）」

これは、日本の最初の和歌として知られる、スサノオの歌である。妻のために垣根を幾重にも造ろう、と歌うが、実をいうと、その垣根＝塀は、ユダヤ人系の人々が日本の住居にもたらしたものだったのだ。つまりこれで、スサノオが、ユダヤ人系であることがわかるのである。

（34）「ホー」と「ほう（鳳）」155

ヘブライ語の「ホー」は伝説の不死鳥のことだという。それが、中国の伝説の鳥で、鳳凰の雄の鳳《ホウ》と同じ発音である、ということだが、これは中国語の鳳の方が先だったかもしれない。漢字の鳳の意味は《1おおとり。古代中国で、徳のすぐれた天子の世に現れると伝えられる想像上の霊鳥。「鳳凰《ホウオウ》」「瑞鳳《ズイホウ》」。2　天子・宮中に関することにつける語。「鳳駕《ホウガ》」「おおとり」は雄を「鳳」、雌を「凰《オウ》」という》（出典：『漢字ペディア』）。いずれにせよ、ヘブライ語の方に、中国語が取り入れられたものであろう。

（35）「イルイ」と「えらい（偉い）」160

「イルイ」は「イリ」と同じ語源で「偉大な（とくに知識で）」「立派な」という意味だという。「イルイ」はまた「イリ」と同じ語源で「高いランク」「重んじられた」を意味するという。それが「いよう（威容）」「威厳あるさま」を表している、と述べる。日本語の「偉い」もまた、普通よりもすぐれているさま、社会的地位や身分などの高さをいっている。人間として、立派で、すぐれている。「苦労しただけあって、偉い人だ」というように、人間の価値を指摘している。これは社会構成の中で、その人格を評価する基準がある、ということでもある。そして同じ言葉が一方では、物事の状態が普通ではないさまを語り、程度がはなはだしい、ひどい状態を形容することもある。「今日はえらく寒い」とか、「えらい混雑だった」と、予想外である、ひどく困ったさまをも意味する。「えらい目にあった」は、苦しい、つらい目にあったことを述べる。しかし、こうした意味の複合性は、この言葉が、長く使われた結果であろう。この複合的な意味が、日本語にある点で、「イリ」を語源とする「イルイ」というイの系列の言葉が、「えらい」、というア行の入った言葉の起源となるとは思えない。

（36）（37）（38）「キ」と「き（器、着る、機）」169、170、171

一番目のヘブライ語の「キ」は、入れ物、乗り物を意味し、日本語では「き（器）」を意味するが、これは前者が起源だという。また二番目の「キ」は衣装の意味で、「き（着）」の語源となり、三番目の「キ」は道具の意味で、「き（機）」という日本語になったという。

一番目の入れ物の意味のヘブライ語を、日本語では漢字の「器《キ》」で表し、訓読みを「うつわ」にした可能性が考えられる。二番目のヘブライ語の「キ」は、これが衣装という意味であることを理解し、「着る」という動詞がつくられたと言って良いだろう。また「キ」が何らかの道具を指して言っているので「き（機）」という漢字を使うようになった、と言うことも出来る。日本語に同音異義語が多いのは、ヘブライ語によるものかもしれない。

（39）「コー」と「こえ（声）」１７４

声、という言葉は、日本人が口語でのみ言語を使い伝えていたため、「こえ」という音の発生は、縄文時代からあったものと推測できる。中国語の声は「コエ」と呼ばない。歌声 gēshēng、呼声 hūshēng、欢声 huānshēng とあるように、ションと発音している。ヘブライ語の「コー」は、「声」だけでなく、「おと（音）」も意味しているから、人間や生き物の声だけではない。日本語の「こえ（声）」は人間や生き物の声だけに使われるから、このことから、「こえ」は原日本語にあったのではないか、と考えて良い。日本語の「こー」は、全く意味が異なって、音の意味はない。おそらく、ヘブライ語の「コー」は、日本語の「こえ」の語源ではないだろう。

（40）「クル」と「くろう（苦労）」176

「クル」は妨げる、とか障害、妨害の意味で、これが「くろう（苦労）」の語源だとする。妨害する、という言葉と、苦労する、という意味とは異なる。ただし、日本語の「苦労」は、中国語から来たものではない。中国語に苦労という言葉はなく、日本語特有の言葉である。その意味では、苦労は、ヘブライ語「クル」から来た、と考えたいが、意味も発音も異なるので、これは日本語本来のものに、漢字を当てたものと考えられる。この「苦労」という言葉より、日本人の古代の生き方や、苦労を厭わず、粛々として生きる日本人の姿が目に浮かぶ。

（41）「マアガル」と「めぐる（巡る）」179

「マアガル」という、円の意味の名詞から、「めぐる（巡る）」という動詞の、日本語になったという。これはありそうなことである。日本語は口語から出発しており、「円」という抽象語よりも、周囲を「巡る」という具体的行為の方に、表現が向いている。例えば一点を中心として回転する、という動的な事象の方に表現が向かいやすい。その例として「（水車ガ）大方回らざりければとかく直しけれども」（『徒然草』・五一）が辞書に挙げられている。

（42）「マーラー」と「めいれい（命令）」180

「マーラー」とはヘブライ語で、「話す」とか、「宣言する」という意味だという。しかし「めいれい（命令）」する、という意味ではない。命令する、という言葉は、漢語に「する」の動詞をつけた言葉だが、その意味は、①いいつける。命じる。いいつけ。②のり。きまり。おきて。③おさ。長官。④よい。りっぱな。⑤他人の親族に対する敬称（出典：『漢字ペディア』）である。また「マーラー」という発音と、「めいれい」の発音は、とくに母音の音が異なることも考慮すると、意味、発音も異なっており、ヘブライ語起源ではないだろう。

（43）「タベル」と「たべる（食べる）」187

この二つの言葉については、アイデルバーグ氏は確信があるらしく、次のように述べている。「タベル」は、「浸す」の意味だが、塩や酢に浸して「食べる」の意味にも使われる。とくに中近東では、パンをスープに浸して食べるのが普通で「タベル」（浸す）と「食べる」は同義に使われたと思われる、と述べている。確かに、同じ「たべる」という発音だし、説得力を持っている。

しかし私の見解は、こうである。日本には、もともと、「食《く》う」という言葉があった。そこにユダヤ人がやって来て、「タベル」という言葉を使うことがわかって、「食う」や「飲む」の謙譲語として使うようになった、と。つまり、今日では「いただく」という謙譲語を使うように、「食う」よりも「食べる」と言った方が丁寧とされるようになり、謙譲語のように使ったのだ、と思われる。『枕草子』には『御仏供《ぶく》のおろしたべむ』と申すを」〈枕草子・八三〉というように、（女法師が）仏さまのおさがり（「おろし」）を食べたい、と言っている、と書かれている。

昔からの「食う」「飲む」を、へりくだる気持ちをこめて丁寧にいう語、と国語辞典に書かれているように、この言葉が、食う、よりも丁寧に聞こえたのだろう。今日、食べる、よりは「いただく」の方が丁寧な言葉として使われているのと同じである。さらに本来は「上位者からいただく、ありがたくいただいて食す」の意から、自己の飲食する行為をへりくだって言うようになり、さらに、「食う」をやわらげて言う丁寧な言い方に変わった。現代語では「食う」に比べれば丁寧な言い方であるが、敬意はほとんどない。また、現代では一般に飲む行為には用いられない（『ｇｏｏ辞書』より）。

ユダヤ人到来以前は、「くう」と言っていた日本人が、彼らの「タベル」をより丁寧な言葉と受け取り、この言葉を使うようになった。そこに「ショク」「シ」「ジキ」と音読みする漢字の「食」を引き合わせて、「たーべる」として読んで新たな日本語をつくったと考えられる。

(44)「トル」と「とる（取る）」１９１

アイデルバーグ氏は、この両国語の言葉が、全く同じ発音で同意味となることを示している。この最も日常的に使う言葉である「取る」が、偶然の一致ではなく、ヘブライ語から来たとすると、氏にとって、格好の日ユ同祖論を強化する一例となる。

しかし、日本には、それ以前、「取る」の意味の言葉はなかったのであろうか。そう思えないが、では、どのような言葉を使っていたのか。類義語として、まず「える(得る)」という言葉がある。この言葉は「取る」、というような能動的な意味合いの言葉でなく、受動的なニュアンスを含む言葉で、必ずしも同義語にならないかもしれない。しかし縄文時代＝日高見国においては、自然環境が人為よりも大きくものを言うため、人間の何かを「取る」という能動的な行為よりも、「得る」という受動的な関係の方が、ふさわしかったのではないだろうか。

「取る」は、受動態だと「取られる」となるが、これは「盗られる」という意味にもなる。しかしこれも、縄文時代の塀もない竪穴住居を見るに、「盗まれる」ということはほとんどなかったに違いない。食料が十分に得られる自然環境の場合、貸し借りはあっても、取る・取られるの人間関係はなかったと思われる。まさに日高見国では、日が高いところから見ている国であったから、お天道様は、取る＝盗ることは、出来なかった、と推測することが出来る。そしていつも「得る」＝「いただく(頂く)」

という言葉がよく使われていたと考えられる。自然から頂く、という精神である。日本人が食事のたびに「頂きます」と未だに言うのは、その精神が生きているからである。

「とる」は、生物をつかまえる場合には、「捕る（つかむ）」「漁る（あさる、古くは、いざる）」、選びとる場合には「採る（摘む）」などとそれぞれの場合にふさわしい言葉で区別していたとも考えられる。なぜ私が「取る」が日本語ではない、と考えるかというと、この漢字が、又と、耳《みみ》とから成るからである。捕らえた敵兵の耳を切り取って、手がらを数えたことから、人をとらえる、ひいて「とる」意を表すそうだからである（出典：『角川新字源　改訂新版』ＫＡＤＯＫＡＷＡ）。「取る」という言葉に、残酷な意味があることは、中国人であれば知っていただろうが、中国を経てやって来たユダヤ人秦氏系の人々はそうとは知らずにこの言葉を日本に持ち込み、「取る」の言葉を日本語にしてしまったのだ、と考えられる。言葉によるユダヤ人化、中国人化である。

（45）「カシャル」と「くさり（鎖）」194

「カシャル」のヘブライ語の意味は、結びつく、結び目・輪を作る、結びつける、などの意味だという。この「カシャル」が「くさり」の発音に結びつくというのは、子音を重視する考え方で、日本人は母音を重視する傾向にあるので、この指摘には賛成は出来ない。日本語の「くさり（鎖）」は名詞であって、意味的にも直接、結びつくわけではない。ただ鎖のような鉄で作られたもの、また錠前とか、鍵、といった縄文人や弥生人が使わなかったものなので、これがユダヤ人が持ち込んだものであるとは考えることが出来る。確かに、鎖をつけたり、鍵を掛けたりするときに「カシャ」と音がするので、そこからアイデルバーグ氏の発想は出てきたのであろう。漢字としての「鎖」は「サ」であるが、中国では鉄鎖としてすでにあった漢字を、「くさり」と日本人が読んだとき、この「カシャル」の音が影響したことは十分に考えられることである。

（46）「ナシ」と「ぬし（主）」198

ヘブライ語の נשיא「ナシ」は、意味としては、代表、長、主人、王子という、まさに日本語の「ぬし（主）」と同じ意味である。確かに「ナ」と「ぬ」で母音の違いがあり、日本語では「なし」は、存在を否定する意味になり、そこは全く異なる。多分、そのために「ナ」を「ぬ」に変えたのであろう。「ぬし」という日本語は極めて多用される。

［名］

1　その社会・集団などを支配・統率する人。あるじ。「一国の―」「世帯―」

2　所有者。持ち主。「地―」

3　動作・行為の主体。また、ある事柄の主人公。「声の―」「うわさの―」

4　山や川などに古くからすみ、霊力があると信じられている動物。転じて、ある場所に長くいる人。「沼の―」「この学校の―」

5　夫。また、定まった情夫。「―ある身」

［代］二人称の人称代名詞。

1　敬意や親しみを込めて相手を呼ぶ語。多く同輩以下の男性に対して用いる。↓
おぬし
「―はいづくへぞなど、語らひ行くほどに」〈今昔・二九・二三〉

2　女性が親密な男性を呼ぶ語。

「もし、―が逢ひたがらしゃんすその人に」〈伎・助六〉
［接尾］人名や呼称に付けて、軽い敬意を表す。男性に用いることが多いが、まれに女性にも用いる。
「源氏木曽冠者義仲―は」〈吾妻鏡・一〉
日本語にとってこの言葉は、共同体において、主人という味であるから、極めて重要で、ユダヤ人系がこの言葉を教える前に、口承語と同じ意味の言葉があったとみなければならない。

私はその言葉を「あるじ（主）」と考える。「ある」は動詞で、存在する、という意味である。そこに「じ」がつくと、「地《じ》」あり、という土地を所有している主を意味すると考えられる。これは縄文時代にも使われたに違いない。ある区域の土地を「じ（地）」というし、本来の生まれつきの姿を「じ（地）」ともいう。土地の「ぬし（主）」にふさわしい言葉である。この言葉の代わりに、「ナシ」を「ヌシ」に変えた、と容易に推測出来よう。

（47）「シャラー」と「さらう（浚う）」２０５、２０６

「シャラー」と「さらう（拐う）」

前者の205の「シャラー」の意味は、「取り除く」で、水から取り除く、という用例が多いという。日本語の「さらう」は次のような意味がある。

2（浚う・渫う）川や井戸などの底に溜まった土砂を取り除く。

2（攫う・拐う）隙をみて横から奪い取る。

◦鳶に油揚げをさらわれる

3（攫う・拐う）体を持っていく。

◦波にさらわれる

4（攫う・拐う）誘拐する。拉致する。

5（攫う・拐う）一人で全部を持ち去る。勝ち取る。

◦話題をさらう。人気をさらう。優勝をさらう

6（復習う）復習する。おさらいする。

このような意味内容を見ていくと、土砂を取り除くという作業は、秦氏が持ち込んだ中東世界の灌漑技術を思わせる。日本人は、土木作業といえば、井戸を掘る、畑を耕すといった個人作業が多かったと考えられるから、「浚う」といった作業を、秦氏

から学んだ可能性がある。後者の206の「シャラー」は、攫う・拐うという意味で、この「さらう」は、隙をみて横から奪い取る、或いは、誘拐する・拉致する、などの意味となる。一人で全部を持ち去る・勝ち取る、などの意味は、大陸で戦ってきた人々の体験を示唆しており、戦いのほとんどなかった日本人のそれではない。「シャラー」から「浚う」という意味になったと考えられる所以である。

(48)「シャマル」と「さむらう(侍う)」210、211
「シャムライ」と「さむらい(侍)」

「シャマル」は「見張る」とか「守る」といった意味があるという。「シャムライ」がそこから、「守る」とか「護衛」という意味になる。日本語の「さむらい(侍)」が、ヘブライ語から来ていた、としたら、日本文化の一翼を担う武士文化形成の問題において、示唆的なものになる。

この「シャムライ」と「さむらい(侍)」の類似をどのように考えるか、検討してみよう。

「さむらい」という言葉は、文語では「さむらひ」で、漢字は【侍/▽士】と書く。

「さぶらい」の音変化であり、1　武芸をもって貴族や武家に仕えた者の称。平安中期ごろから宮中や院を警固する者をいうようになり、鎌倉・室町時代には凡下《ぼんげ》（庶民）と区別される上級武士をさした。江戸時代になって幕府の旗本、諸藩の中小姓以上の称となり、また、士農工商のうちの士身分をいう通称ともなった。「武士」と書かれている。

一方「シャムライ」の方は、アイデルバーグ氏によると、現代ヘブライ語にはないが、ヘブライ語文法にそっており、過去においては「守る者」「護衛」と言う意味で使われていたと思われる、とのことである。古代にこの言葉が使われていたはずだ、という判断である。語尾の「アイ」は、人の職業、または性格を表す意味で、例えば「バナ」（建てる）の語尾に「アイ」をつけ、「バナイ」とすると、「建設者」の意味となる。また「カネ」（嫉妬深い）に「アイ」の語尾をつけると「カナイ」（嫉妬深いもの）という意味になる。同様に「シャマル」（守る）に語尾（アイ）をつけ、「シャムライ」が「さむらい」になった、と言う。

『記紀』にも、この「さむらい」の前に、「もののふ」が呼び名であったと考えられる。関東の香取神宮は、物部氏が司り、彼らが防衛の役を負っていたのだろう。しかし、ユダヤ系の出雲からの秦氏系が、それを引き継ぎ、一〇代天皇の崇神天皇以降は、彼らが物部氏、大伴氏などと共に、「もののふ」から「さむらい」に変わっていったと考えられる。

日本語の「さむらい」の言葉は、平安中期以後に宮中や院を警護するものに使われるようになったが、それは秦氏らユダヤ人がすでに定着し、彼らも警護にも多く就くようになったことと考えられる。漢字の「侍」の意味については、都に住む貴族たちが、次第に防備のために守る者、すなわち「さむらい」を必要とした。貴族からの要望に応え、都に行き、貴族に仕え始める。人に「仕える」ことを昔はヘブライ語の影響を受けて、「さぶらう」と言い、「さぶらう（＝仕える）」人のことを「さぶらい→さむらい」と呼ぶようになった。ここから、さぶらう→侍（さぶら）う→侍（＝さぶらい→さむらい）と表記するようになる。警護役から侍になっていった経過がわかる。「侍所《さむらいどころ》」が、漢語の「武士」を使わず、「侍」という語を使ったことから、古代からの「もののふ」に加わったユダヤ系秦氏の存在が考えられる。そして鎌倉時代の武家政権に至る武士形成に参加していたことを裏付けるようだ。そして並みの人ではちょっとできないようなことをやってのける人。「あの人はなかなかの—だ」などと言うようになるのも、彼らの多くがそうであったということだろう。

もともと、漢字の「武」は、武器を持って戦う人のことで、そこから、武器を持って戦う男の人のことを「武士」と呼ぶようになった。漢語をよく使う鎌倉時代になると、源頼朝のような「武士」が権力を握るようになった武家社会では「侍」は、貴族に仕えるのではなく、「士」に仕えるようになった。そして戦国時代を経て、江戸時代になると「武士」のほとんどが、誰かに仕えていたので、「武士」と「侍」という言葉が同じ意味として使われるようになった、という経緯がある。

(49)「シマー」と「しまう」221

ヘブライ語で「シマー」は「置くこと」「しまうこと」という意味だという。すると日本語の「しまう」と同音同義語になる。日本には、この意味を持つ別の言葉があったと考えられる。あまりにも日常的な言葉であるからだ。

「かたづける」という言葉がよく使われる。「かたづける」を意味する方言には、「かたす」「なおす」という言葉があり、「片付ける」は一般的な標準語として定着している。宮城や福島、千葉、神奈川、新潟、長野、京都、岡山、愛媛、宮崎など広範囲にわたって普段使いで使用されている。他方、「しまう」という表現は比較的に「かたす」に近いようなイメージを持っている。こちらは群馬や石川、岐阜、愛知、三重で使用されている、とアイデルバーグ氏は述べている。

北海道や青森などでは「とろける」と表現することもあるという。また、鳥取では「とろく」、岩手では「とのげる」という表現もある。いずれにせよ、こうした言葉が、「しまう」の前にあったから、こうして各地に残っている、と言えるであろう（出典：江端義夫／加藤正信／本堂寛編『最新ひと目でわかる全国方言一覧辞典』学習研究社、一九九八年）。

(50)「シラ」と「しろ（城）」222

ヘブライ語で「シラ」は「囲まれた土地」とか「刑務所」である、という。

一方「城」は日本では奈良～平安時代に、唐の長安や洛陽を範として都城（平城京・平安京）が造営され、東北地方には砦として渟足柵《ぬたりのさく》などの柵（城柵）が設けられた。

こうした城は「囲まれた土地」に対応しよう。ユダヤ人系の蘇我蝦夷の名にあるように、彼ら蝦夷経営の基地および陸奥国の政庁として多賀城・胆沢城などが築かれている。

もともと、こうした都市型の地域は、日本では縄文時代には少なかった。集団で住む必要がなく、個々の竪穴住居が集まってはいたが、「城」のような密集する都城ではなかった。

中世以降に城が発達したが、西洋の場合とは異なり、城下の町を囲むことはなく領主の本拠だけの防御施設となっている。天守を持つ本丸が城の中心で、城主の居館が設けられた。

本丸を取り囲むように縄張《なわばり》（地形を活用して防備のための構えを作ること）が行われ、二の丸、三の丸以下の曲輪《くるわ》を配置、要所に角櫓《すみやぐら》を置いた。櫓や塀《へい》には銃眼に相当する鉄砲狭間《てっぽうざま》や矢狭間《やざま》が開けられ、本丸への通路を狙う。このような過程から見ると、それがユダヤ人系の人々には、刑務所のように見えたのかもしれない。ヘブライ語が日本語の形成に一定の役割を持っていたのは、この古代であったから、「囲まれた土地」とか「刑務所」である「シラ」が「しろ」と変化し、室町時代以後の「城」の元になったと考えられる。

室町時代以降戦国の世になってから著しく発達し、天然の地形を利用した山城（やまじろ）や、領国の平野を見渡せる丘の上に立つ平山城《ひら》が造られた。応仁・文明の乱以後は戦略上の拠点としてよりも、領国を治める政治の中心として、また領主の権威の象徴としての性格が強くなるにつれて、名古屋城や二条城等のような平城が多くなり、日本独特の美しい建築が生まれた。

(51)「シュマー」と「しまい（終い）」shy 224

「シュマー」はアラム語で、「終わり」「結論」「終了」を意味する。それが日本語の「しまい（終い）」と同じだというのである。

日本語では最後のことを「しまい」と言うより、「終わり」と言う。「しまい」は「話はこれでおしまいだ」というように、口語でよく使い、「終わり」は文語、口語の両方で使う。「シュマー」が口語の「しまい」になったというのは、その語り口が面白かったからかもしれない。その他に「最後」「最終」なども使うが、漢語の音読みなのでこれらは別として、「シュマー」と「しまい」は、ヘブライ語が日本の言葉の訓読みに影響したと考えられる一例と言える。

（52）「ハトウラク」と「はたらく（働く）」236

「ハトウラク」は「働かせる」とか「仕事を与える」といった意味であるという。これは仕事を他人に与える、という主人から雇いの人へという関係で使われる言葉である。しかし日本語の「はたらく（働く）」は、「はためく」という言葉と同様に、「はた」という擬態語の動詞化と考えられている。本来、「はたらく」は、止まっていたものが「急に動く」ことを表し、そこから体を動かすという意味となった、とされる。労働の意味で用いられるのは鎌倉時代からで、この意味を表すために「人」と「動」を合わせて「働」という国字がつくられた。その他、働くの語源は「傍《はた》を楽《らく》にする」からで、「他者を楽にすること」という説もあるが、このような組み合わせで動詞が生まれることはあり得ず、言葉遊びの類で、語源ではないと考えるのが妥当だ（『語源由来辞典』より）。こうした労働の「働」が、日本固有の漢字であるとすると、ヘブライ語の影響があったのは、飛鳥時代以前であろうから、むしろ、このヘブライ語に由来する「はたらく」が、「雇う」という意味で、使われていたものだろう。それに「体を動かす」という意味の「はたらく」が同化したことにより「動く」ことを始める、働く、という意味になったのかもしれない。働く、という言葉が、日本人にとって、仕事をする、という意味になったと思われる。

(53)「ホラ」と「ほら(洞)」238

ヘブライ語の「ホラ」は「穴」「腔」「洞」の意味で、日本語で「ほら(洞)」と同じになるという。注に《中が空の穴、「洞穴」等、さらに、「虚」(中が空になっているところ。「うろ覚え」等も類似語》と書かれている。日本語の「洞」の意味としては、《①ほら。ほらあな。うろ。「洞窟《ドウクツ》」「空洞」②つらぬく。見とおす。「洞察」③ふかい。おくぶかい。④うつろ。むなしい》(出典:『デジタル大辞泉』小学館)。ほぼ同じ意味である。

日本人は、縄文時代でも洞窟住居が多く存在し、竪穴住居と共に数多く住んでいた。日本では洞穴は馴染み深いものであっただろう。

別にヘブライ語から来たとは考えられない。おそらく、「あな」という言葉を使っていただろう。そこにヘブライ語の「ほら」がもたらされ、「ほらあな」と呼ばれるようになったと推察される。

(54)「フト」と「いと(糸)」241

ヘブライ語の「フト」はまさに「糸」や「編み糸」のことである。「フト」の「フ」が「イ」になぜ代わったか、という説明は、「フ」の発音が弱く、「イト」と聞こえたから、ということになろう。しかし、糸そのものは、縄文時代から日本に存在した。そのときの言葉をおしのけて、ヘブライ語から取ったということになる。

すでに縄文時代に布は作られていたが、ムシロを作るように多くのオモリを使って編んでいく方法だったため、非常に手間がかかっている。このような編布は、太さや強度、長さが不揃いの糸でも布を作ることが出来る、という利点があるのですが、太さや強さが均一な糸があれば、編むよりも織って布を作る方が早く出来ます。

三世紀(弥生時代)には、すでに植物を栽培してその繊維から、あるいは蚕《かいこ》を飼育してその繭《まゆ》から糸を得ている。

ユダヤ人はすでにそれ以前から来日しているから、この「フト＝いと」論は成り立つと考えられる。

布を作るための糸の原料には、大きく分けて、動物性繊維の絹と、植物性繊維の大《たい》麻《ま》【クワ科】や苧麻《からむし》【イラクサ科】などがある。植物性繊維は、限られた長さの繊維をつないで長くした後に、撚《よ》りをかけて太さや強さを均一にすることが必要である。この撚りを掛けるのに必要な道具を紡錘《つむ》といい、軸の部分の「紡茎《ぼうけい》」とはずみ車の「紡錘車《ぼうすいしゃ》」から出来ている。発掘調査の結果、紡錘車が弥生時代以降の遺跡で多く出土している。この技術は秦氏がもたらしたものと考えられる。この時代に集落があった、岡山市の津島遺跡から出土した紡錘車の大きさは直径4〜5㎝程度で、中心には直径0・5〜0・8㎝の孔が開いている。古墳時代の紡錘車には、新しく鉄製に加え、土製では須恵器の製作技術を用いたものが使われるようになる。古墳時代中期以降になると、石製の台形のものが新しく使われ始め、土製でもこの形が出土するようになる。鉄製の紡錘車は、古墳時代以降、鎌倉時代まで引き続いて使われている。この技術の発展にも、ユダヤ系秦氏の貢献があったと考えられる。

(55)「シュカー」と「さけ(酒)」246
「シュカー」が酒を意味し、それが「さけ」という意味になったというアイデルバーグ氏の指摘は、正しいのではないかと考えている。

『日本書紀』に最初に登場する秦氏は、秦酒公《はたのさけのきみ》という名の人物で、秦造《はたのみやつこ》の祖と言われる須須許理《すすこり》が大陸から日本に渡った際に醸造技術を伝え、造ったお酒を天皇に献上し、その味を誉められ、歌を賜ったと記述されている。

秦氏は山背国葛野郡《やましろのくにかどののぐん》、現在の京都市右京区一帯に勢力基盤を築き、平安京遷都の主導的役割を果たした。嵐山を流れる大堰川《おおいがわ》は大変氾濫の多かった河川だが、ユダヤ人系秦氏が中東から持ち込んだ治水などに関する土木技術を駆使し、肥沃な土壌を開拓し、農耕を基盤として発展を遂げていった。はたけ（畑）の「はた」も彼らに由来する、と考えられる。つまり「はた（機）」の「秦」だけでない。米による「さけ（酒）」が、まさに秦氏（酒公）によって醸造されたというのである。

日本人は縄文時代に酒を造っていない、と推測できる。というのも他の民族に比べると、酒が苦手な日本人が多いことは、科学的にも証明されているからである。その原因は、アセトアルデヒドを分解する酵素であるＡＬＤＨ２が欠損しているからである。この体質は、長い伝統から作られたもので、日本人の約44％は、ＡＬＤＨ２を持たないか、その働きが弱くアセトアルデヒドが貯まりやすいのである。この遺伝的性質は、日本人などのモンゴロイド特有のもので、アフリカ系やヨーロッパ系の人種には見られない。ユダヤ人たちにおいては、ヨーロッパ人と同様0％なのである。彼らが積極的に、酒の醸造を志したのは当然であり、日本人でも半数以上は、酒を飲むことができるから、彼らの「シュカー」が漢字の「シュ＝酒」と結びつき、「さけ（酒）」となったと考えられる。

京都の太秦《うずまさ》には、広隆寺のすぐそばに大酒《おおさけ》神社という神社があるが、昔は「大避神社」と書き表されていた。同じ名前の神社が、赤穂にあるのは、よく知られている。この「大避」が、漢字でダビデのことだと言われる。日本では、河川の土木工事によって大地を「避く」、あるいは川の氾濫による災いを「避ける」という意味から変化して、大避神社と呼ばれ、それが、酒を醸造する秦氏として認識されて、大酒神社となったと思われる。この呼び名の移り変わりからも、秦氏と酒の関わりをうかがい知ることが出来るし、アイデルバーグ氏の主張も納得出来る。

(56)「ハーカク」と「ちょうこく（彫刻）」251

「ハーカク」はヘブライ語で、彫る、彫刻する、という動詞であるという。同じように「ちょうこく（彫刻）」という日本語の名詞が、それに対応するという。ヘブライ語の彫刻する、である「ハーカク」から、日本語の「彫刻」の言葉が出てくるとすると、日本の彫刻が、ユダヤ人に使用される素材と似ているのではないか、と思わせる。ユダヤ人たちが、彫刻と考えるものは、中東のそれらと同じだとすると、石造のものが多い。日本は、縄文時代の土器・土偶は、粘土で作り、古墳時代の埴輪も、同様である。古代両国が作っていた彫刻は、素材も、観念も異なる。

ユダヤ教もキリスト教も、宗教的には偶像崇拝禁止であることは、「モーゼの十戒」にも書かれている。彫刻など宗教的には作れないことになっている。イスラム教が今日まで偶像崇拝禁止を貫いているのは、周知のことである。この「ハーカク」が「ちょーこく」になった、という考えも、母音の発音が異なっているので考えにくい。

しかし、ユダヤ人が全てユダヤ教徒だとは限らない。とくに日本にやって来たユダヤ人たちの多くは、日本に同化して、ユダヤ教的思想とは考え方が異なっている。彼らが、埴輪によって、ユダヤ人の姿を表したとき、すでにユダヤ教徒でなくなっている。自分らの姿を、古墳を建造するとともに、埴輪で大量に制作したとき、まさに彼らが偶像にこだわったのである。確かに、「こく（刻）」という言葉は、きざむ（刻む）ことであり、土を捏《こ》ねて焼く、という意味と異なる。しかし「粘土彫刻」というから、この意味でも許容したと考えられる。

(57)「ハカク」と「かく(掻く)」-「書く」252

ヘブライ語で「ハカク」(こする、掻く)と発音する言葉が、ちょうど日本語の「かく(掻く)」の元になったという指摘である。

アイデルバーグ氏は、この比較を、「グループ4(b)H、K H が、K、CH、SHに変化しているもの」で、示している。「ハカク」の「ハ・H」が「か・K」に変化した語として、あつかっている。この場合は、「ハ」が発音の中で、消えてしまうことなのであろう。

私は日本語を知っている立場として、このような日常の動作を述べる言葉が、外国から来たとは思わない。

指先や爪、またはそれに似たもので物の表面を強くこする動作、例えば、頭を掻く、皮膚を掻く、などという動作に、言葉がなかったとは思えない。だが、刃物を手前に引いて切り取る意味だとか、刃物を押し当てて細かく削りとる、犂《すき》などで田畑を耕す、などという意味は、そうした技術を体得した後に加わった語義で、その点において、もともと使われていた言葉に、新たにヘブライ語が加わった、と考えることができるだろう。「かく」という言葉は、両国語に共通して、発展したものと考えられる。

(58)「ハカク」と「かく（書く）」

アイデルバーグ氏は触れていないが、日本語の「かく（書く）」という言葉との関連であるようだ。日本人は三、四世紀まで、文字を必要としなかった。従って「かく（書く）」という言葉はなかったはずである。しかし前述の「かく（掻く）」という言葉が意味する、指先や爪、またはそれに似たもので、物の表面を強く擦る、という行為は、まさに物の表面に刻み記して「字を書く」行為そのものである。「しょ」という言葉は、漢字の音読みであるが、この文字を使って「書く」という字に当てた、と思われる。

(59)「カーカ」と「こく（国）」、「こうく（鉱区）」「国家」275・6

ヘブライ語で「カーカ」とは、「土地、地面、地所」のことだという。この言葉から、日本の「国家」「国」そして「鉱区」という言葉も生まれたと氏は言う。

日本語においての国は「くに」と訓読みをする。「くに」は、《一定の土地とそこに住む人間からなり、排他的な統治権有する政治的共同体のこと》と辞書には書いてある。

また「国家」の語源としては《古代中国における、諸侯の国と卿大夫が治める家（封建領土）の組み合わせで、天子の治める天下の対概念で孟子等に見られる。明治期に、英語 state の訳語として当てられている》とある。私は当然、中国語の「国家」が、そのまま日本語になった、と思っていたが、それがヘブライ語「カーカ」から来たとすると、ヘブライ語を話すユダヤ人が日本の国家形成に参加した可能性が考えられる。私は日本の「国家」に、「家」とついているのを注目する。この「国家」という言葉は、結局、中国、日本といったアジア諸国が、土地に結びついた家という家族居住の単位から、それが拡大された概念としての国を表した言葉であることが想定される。しかしヘブライ語を除くと、現在「国家」と訳されている西洋の言葉（nationなど）は、家族という単位まで降りていない。一定の土地に住む共同体という単位までで、家族まで行かないことに注目するのである。従って、西洋のこの共同体を「国家」と訳すべきではない、と考える。それはまさに「国体」と訳すべきものであろう。

日本では明治になって、国体が国家と訳されてしまったのである。

(60)「カザム」と「きざむ（刻む）」「はさむ（挟む）」「はさみ（鋏）」 301-2-3

「ガザム」は「切る」とか、「刻む」「鋏で切る」といった意味で、これが日本語の「きざむ（刻む）」「挟む」と「鋏で切る」になったという。GがK、Hの発音に代わっているが、これは十分に考えられることだ。

これまで、鋏は、中国から六世紀ごろ伝わった、「握り鋏」だったと、どの由来書にも書かれている。すべて発達したものは、大陸の中国から来たもの、というのが一般的な解釈だが、日本最古の鋏が、古墳から出土したものだとすると、この構築に携わっていたのが、土師《はじ》氏であることは知られているから、ユダヤ人系によってもたらされた、ということが明らかになる。

また洋鋏も、正倉院からX字形の鋏が見つかっていることから、奈良時代にはすでに伝わっていたと考えられている。身近な鋏という道具も、ユダヤ系帰化人から伝わり、そこで三千年以上もの長い歴史がつくられた。今では、日本の技術は、世界でも高い評価を受けているが、それは、別の技術である、刀鍛冶の技術を引き継いできたことも無視できない。

(61)「マゲル」と「まける(負ける)」315

ヘブライ語の「マゲル」は「負ける」の意味で、それが日本語の「負ける」になった、という。この言葉は最初から漢字から来たと思われている。漢字では「負ける」の「負」が、古代文字で、人と貝の組み合わせで出来ていて、「貝」は子安貝やお金や財貨を表し、人が、貝を背負う形によって背に重荷を負うことを意味していて、責任を負うことを負担、傷を負うことを負傷、というように、お金という重荷を背負い込む姿を「負」と表現している。さらに「敗」という字もまけるという意味を持っているから、中国人は、貝をめぐって、勝負をしていたことになる。財産をめぐっての争いである。

しかし日本における子安貝は、タカラガイ科に属し、タカラガイ科は形が卵形で背面は丸く膨らみ、美しい模様があり、腹面は殻の口が狭く細くなり、両側の縁に歯のような刻みがある。形がふつうの巻貝と変わっているほか、女性器に形が似ているところから、妊婦がお産をするときこれを握っていると安産すると信ぜられ、子安貝の名もそれによる。

このことを考えると、漢字の「貝」がお金や、財貨を示すのとは意味がだいぶ違う。私には、子安貝に対する見方が、まさに自然を崇拝する日本人にふさわしいと思われる。従って、「負」を「まける」という意味に取るのは、ヘブライ語が入って、その意味になったと考えることが妥当と思われる（出典：『世界大百科事典　第2版』平凡社）。

しかしこれが、ヘブライ語「マゲル」から来たとなると、このような漢字の説明は中国の漢字特有のものであって、不要となる。むしろ、ヘブライ語から来た「まける」の言葉から先にあって、そこに漢字の負を当てたことになる。

このことから、負ける、という勝負の観念は、縄文時代の日本ではあまり重要ではなかったのではないか、と思わせる。遺跡や遺物からも、大きな戦争もなく、近所との争いも、自然が豊かであることで物質的に満たされていれば、不要だ。この意味でも、この言葉のヘブライ語起源は正しいのではないか、と考える。

（62）「メギラ」と「まき（巻）」３１６

「メギラ」とは「巻物」とか「本」を意味する。それが「虎の巻」のような巻物の意味となった、という。ユダヤの巻物と日本の巻物が同一形式のものか、検討しておこう。この巻子装《かんす》は軸を中心に本文料紙《りょうし》を巻き取ったもので、最も古い本の形態である。その歴史は長く洋の東西を問わず見られるから、当時は同じ形式と見て良いであろう。「メギラ」の「メギラ」から「まき」が出たとは考えにくいが、日本には縄文時代＝高天原時代には、文字を使用しなかったから、ユダヤ人系の人々が持ってきた巻物が、日本の巻物になった可能性が十分ある。

ユダヤの巻物といえば、ユダヤ教のトーラーの巻物（Sefer Torah）が有名だが、それはソフェル（Sofer）と呼ばれる専門の写本家によって書かれ、使用するカラフと呼ばれる羊皮紙または犢皮紙《とくひし》、筆記用具といった道具や書体などに厳格な規定があるとされている。日本には「虎の巻」という言葉があり、それは本来の巻物より、それを解読する書としての価値を重視している。日本でも飛鳥時代・奈良時代の現存する典籍・記録・文書はすべて巻子装である。巻子装は飛鳥・奈良時代から平安時代まで典籍の基本形態であった。ここには日本とユダヤ系との関連が見られる。

(63)「ネガル」と「ぬける（抜ける）」317

「ネガル」とはヘブライ語で、「逃げる」、とか「走り去る」という意味があり、日本語の「ぬける」という動詞も「抜ける」とか「脱ける」の意味がある。この同義性から、日本語・ヘブライ語同祖論を説いている。確かに「ネガル」という言葉は、日本語ではないが、それが「逃げる」というような言葉に聞こえるし、それを言葉として成立させたとしても、不自然ではない、と考えられる。「逃げる」、とか「抜ける」といった言葉は、ディアスポラ（離散）のユダヤ人の言葉としては納得できるが、島国で定着した日本人由来の言葉ではないように考えられる。アイデルバーグ氏に賛成しよう。

(64)(65)「ガーヴァン」と「ごうまん（傲慢）」「高慢」323、324

「ガーヴァン」という言葉は、ヘブライ語で「傲慢な」とか「高慢な」という意味だという。こうした漢語の言葉が、ヘブライ語から生まれた、ということになる。こうした氏の結論は、結論だけあって、その説明はない。私は、この五〇〇語の結論の表を、日本語の立場から分析しているのだが、多分、アイデルバーグ氏の研究のノートには、発音の関連だけでなく、判断の基になった何らかのコメントもあったに違いないが、ここではそれを探すよりも、その結論の可否を問うことに専念する。

確かに、日本人の立場から言えば、「傲慢」、「高慢」な態度は、日常語として言い難い言葉である。他人に対する批判的言葉で、表に出せば、口論になる種類の意味を持っている。共同性の高い日本人社会の言葉としては、目下の人に対しては叱責するものの、目上の人に対する印象を表す言葉としては、当人に対してではなく仲間内で指摘するような使い方をする。

そのような意味で、この言葉が、ヘブライ語から来ているという考えは妥当と思われる。日本人が思っても口に出せなかった言葉を、彼らが口にしたとき、それを漢語にして口に出した、という過程が考えられる。

(66)「ハヴァル」と「はまる」325

「ハヴァル」(はめる、つなぐ)が「はまる」と聞こえ、日本語になったというのであるが、この言葉は、策略のにおいが強い。辞書を引くと、この「はめる」という動詞は、次のような意味がある。
《1　穴の部分にぴったりとはいる。うまくはいっておさまる。「栓が―・る」「ボタンが―・る」「型に―・る」
2　うまくあてはまる。「条件に―・る」「役に―・る」
3　くぼんだ場所などに落ち込む。「堀に―・る」
4　計略にのせられる。だまされる。「敵の術に―・る」
5　かかわりあって抜け出せなくなる。また特に、女性の色香におぼれる。「悪の道に―・る」「女に―・って訳もなく家蔵を潰したり」〈紅葉・多情多恨〉
［可能］はまれる
［補説］5は、近年、「すっかり旅行にはまっている」のように、のめり込んでいるようすを、肯定的にとらえた意味でも用いる（『デジタル大辞典』より）。
ここにあるのは、1、2を除くと、ほとんど、災難の類を表している。この特徴からも、もともと日本語で「合う」という意味で使われていた言葉が、悪意のニュアンスを伴う言葉として使われるようになったようだ。これが元来の日本人と、外来の

人々の違い、なのかもしれない。長い間、一つの所に定着している民族は、そこに安心しかない。しかし帰る国もない、常に動いてきた民族の感覚には不安や疑惑しかないかの如しである。

(67)「カヴァル」と「こまる(困る)」329

「カヴァル」は「困る」「不平を言う」、という意味で、「こまる(困る)」と同じ意味だという。

こま・る【困る】の解説を読むと、

《1 ある物事をどう判断・処理してよいかわからず悩む。取り扱いがやっかいで苦しむ。困惑する。もてあます。手を焼く。「返事に―・る」「聞き分けがなくて―・る」「あいつときたら―・ったもんだ」

2 つらいことにあって苦しむ。難儀する。「人手が足りなくて―・っている」「家が狭くて―・る」

3 不都合である。迷惑する。「人に知られては―・る問題」「隣の騒音に―・っている」

4　金や物がなくて生活に苦しむ。困窮する》。

この文字に関わるすべての意味が、困る、嫌悪を感じる、というものである。「困る」、という漢字を見ると、囲いの中に「木」の文字が入っている。つまり四角い土地の中に、木があることが困る、ということになる。これは空間に木があることを快く思う、日本人的な感覚では理解出来ない、と感じられる。

四角の広場に木があることが困る、とか、広い囲まれた空間に木があることが困る、というのは、漢字を作った中国人の感覚だろうと思われる。またはそれを「カヴァル＝こまる」と読んだユダヤ人の感覚ではないか。

確かに、現在も天安門広場には木が生えていない。イスラエルの「嘆きの壁」の広場にも木が見えない。そして、概して西洋の各都市の広場には、木がないのである。つまり、何もない場所に木があることは、そこに隠れて、人を弓で射る、あるいはそこから出てきて、人を斬る、ということを連想させるのではないか、ということである。人の集まる広場は木が邪魔だが、しかし周りを取り囲むことは、心地よいことだ、ということとなのだろう。それゆえ古い西洋や中国の広場には木がないのである。アイデルバーグ氏の叙述にはその意味が書かれていることになる。

(68)「レヴィ」と「いみ（忌み）」330

この「レヴィ」という意味は、古代イスラエルのレヴィ族のことでこの祭司の部族は、穢れをとくに遠ざけた人々だ、とアイデルバーグ氏は述べている。また、日本語の「忌み」に関しても、穢れを避けて慎むこと、喪にこもっている期間、喪、であると書き足している。つまり、このヘブライ語と日本語の二つの言葉の共通性は、穢れを避けている状態を指すことだと述べている。

日本にやって来た、ユダヤ人の一部族のレビ族の「レヴィ」という名が「忌み」の起源だという。

神道では、《神事の際、忌火《いみび》と呼ばれる火を起こす。これは火がそもそも持つ性質、すなわち「他を焼き無くしてしまう」という性質が、一般的なケガレの概念、つまり「不浄」「不潔」同様、神や人間の結界、生活圏を脅かす「ケガレ」を焼き尽くして亡ぼすものであるため、これを用いる際にそう呼ばれる。また火の恒常的な在所であるかまども穢してはならぬ為、かまどを別にするなどの措置がとられた。オリンピックの聖火も古代ギリシアまで遡ると神殿の忌み火に起源している》という。

「忌み」とは《基本的に生活圏に悪影響を及ぼす穢れを嫌い排除する事である。台風や大雨、日照り、地震等自然災害も不浄、穢れとされ、地鎮祭など祓えの儀式で清められ治まるとされた》。

私の考えでは、神道において、この穢れ、忌み、といった人間にとって悪い面の穢れを取る、という考え方は、こうしたユダヤ人が日本にやって来た後、形成されたもので、以前は、精神には悪の面があるという見方はなかったと考えている。

縄文時代＝日高見国時代には、善悪の観念はなく、すべてを同等に受け入れる、という態度であった。良い・悪いを区別せず、自然が与えたものは、共に平等に受け入れたのである。自然災害があっても、それは自然が起こしたものであれば、善悪の判断もせず、受け入れたのである。日本人が、晴れの日だけを良いと思うのではなく、雨の日も、台風の日も、自然が起こしたものであれば、そこに自然の変化の「神妙」を感じ、すべて受け入れ、恨みも否定もなかったはずである。

従って、この異質の「善悪」の文化をもたらしたユダヤ人たちの来日によって、「悪」の観念を与えられ、とくに祭祀を行う「レヴィ」族が、そのような教えを説くことで、彼らの名前を、「忌み」の観念を与えるものとして同一視した、という経過が考えられるのである。

（69）「ル・マレル」と「もまれる（揉まれる）」370

アイデルバーグ氏は、グループ9として、語頭のLeが、語尾のRuに変化したもの、として一五の例を挙げているが、語頭の言葉が、最後に来る、という変換を日本人が行った、とする想定は、無理だろうと思われる。しかその中で、「ル・マレル」と「もまれる（揉まれる）」の関係は、母音の関係で、似た音に感じられ、おそらく可能性が高いと判断できる。

もともと、「もまれる（揉まれる）」、は動詞「も（揉）む」に受身の助動詞「れる」の付いたものである。意味は、

1　大きな力で激しく揺り動かされる。「人ごみにもまれる」

2　多くの人々の中で、経験や苦労を重ねて鍛えられる。「実社会で―・れてたくましくなる」（出典：『デジタル大辞泉』小学館）

つまり、この「揉まれる」という言葉の意味は、日本人のような自然の中で助けられている受け身の民族には、存在しない。荒野で助けも乏しい中で、生きていく経験

と考える。

がないと、この言葉は生まれてこないと思われる。私は、これはヘブライ語から来た

(70)「ドゥル」と「やどる（宿る）」382

アイデルバーグ氏は、グループ9の日ユ両語の比較として、《特殊な音韻変化、最初または最後の音の省略》の項を出しており、この場合は、五六例を挙げているが、そのうち、二三例は正しいと考えられ、これからその理由を述べていきたい。

「ドゥル」とは、《小屋に住む、滞在する。宿る。また派生語で「ヤドウル」には、「住むであろう」の意》と言う。これが「やどる（宿る）」となる可能性は、「や」という母音の言葉が入って言葉を形成する、という日本語の原則に適っているので、十分あると考えられる。日本語で「や」は「夜」の意味があるし、「家」「屋」の意味もある。この「や」が最初につくことは、ふさわしい、とさえ言うことができる。

(71)(72)「エーツエ」と「ゆううつ（憂鬱）」「うつ（鬱）」383、384

憂鬱という言葉は、漢字で書かれた言葉を日本語にしたものだが、その読みを、

「エー」を「ゆう」にして、「ゆううつ」になったという説を出している。
この「憂鬱」という言葉自身、さまざまな意味がある。

《①気が晴れないこと。心配事があって心がふさぐこと。また、そのさま。例・童子問（1707）下「聊詠レ懐抒レ情、発二其幽鬱無聊之心一」〔管子－内業〕
②（①から）いやな感じであることを軽く言う。昭和初期に流行した言い方。
③草木の深く茂ること。また、そのさま。〔儲光羲－舟中別武金壇詩〕》。

このうち、③の草木の深く茂ること、という意味は、日本人の自然に対する感覚をよく表している。その意味でも、この難しい単語を、ヘブライ語の語感から理解したと思われる。ユダヤ人の方は、ディアスポラ（離散）の苦しみから、このような感情を持つことは理解できる。後に、この感情は、より深い意味を持つようになり、メランコリー、という概念を生み出し、芸術の基本的な感情理解に影響を与えた、と推察する。ユダヤ人学者が、ルネッサンスの概念にこれを与えたのである。日本人は、この感覚を深い自然の中に見出した、と考えられる。

(73)「ハブラ」と「かぶれ」３８６

「ハブラ」とは、「皮膚のはれ」「傷」「かぶれ」「発疹」などの意味を持っている単語である。これが「かぶれ」という言葉に代わって日本語になったという。『Weblio辞書』の「かぶれ」の項では下記のように説明されている。

「かぶれ」かｰぶれ【▽気触れ】

1　かぶれること。また、かぶれてできた発疹《ほっしん》や炎症。化粧かぶれ・漆かぶれなど。

2（接尾語的に用いて）その影響を強く受けて悪く感化されること。「西洋―」

ユダヤ人が来日して、皮膚の腫れを、ハブラといい、それを直していた、というのは、十分考え得ることだ。「ハ」を「か」に換えて読むと、「かぶら」となり、これを「かぶれ」と聞いたとする説明には、蓋然性がある。この「かぶれ」から「かぶれる」という動詞が生まれているが、それは、「毀《こぼ》れる」とか「気圧《けお》される」「気触《かぶ》れる（炎症が起こる）」「汚れる」とか「汲み入れる」などの意味があり、こうした意味の言葉と、結びついていったのではないか。

(74)「ハシュケ」と「しゃく（酌）」393

「ハシュケ」とはヘブライ語で「人に呑ませること」だという。この語頭の「ハ」はよく発音されない音である。フランス語でもわかるように、西洋人にとってハ行は、発音されない、よく省かれる音である。

酒を造る技術は、秦氏が持ち込んだことは、秦酒公《はたのさけのきみ》の存在があったことで推察がつく。『日本書紀』が語ることには、秦の民が分散して臣・連などの姓《かばね》を持つ諸氏のもとに置かれ、おのおの一族のほしいままに駆使されている情況を嘆いて、秦造《みやつこ》酒《さけ》は天皇に訴えた。天皇はこれを集めて酒公に賜った。酒公はこの百八十種勝《ももあまりやそのすぐり》を率いて庸、調の絹や縑《かとり》を献上し、その絹・縑が朝廷にうず高く積まれたので、「禹豆麻佐《うつまさ》」の姓を賜ったという話である。この話は『新撰姓氏録』や『古語拾遺』にもみえ、『新撰姓氏録』には、さらに大蔵の長官になった、と伝えられている。

この秦の「造酒」という名前は、のちの「酒公」と尊称を与えられているように、「酒」が大変尊重されていたことを示している。日本は、もともと、米と水の豊富なところであり、それらを元に「酒」を造り出したのは、秦氏であっただろう。正確に言うと、日本人は、すでに酒の造り方を知っていたが、大量に造ることはなかったのである。その大量生産に従事したのが彼らであったのかもしれない。ただ、日本人は、こうした大量の酒造りを必要としなかったことは、すでに述べたように、アセトアルデヒドを分解するＡＬＤＨ２の欠如により、半数の日本人は、酒に弱いし、呑めない体質であることからも証明されている。

お酌とは、酒を盃にくむことであり、酒だけに使う言葉である。これが秦氏の存在から来たことは考えやすいことである。また正式な「お酌」は一般的に、年少者から年長者へ、立場が下の者から上の者へ、接待をする側から接待をされる側へ、盃や杯にお酒を注ぐのが基本であることは、彼らが、こうした基本を指示し、日本人の年功序列観が、彼らによって形成されるようになったことを示唆している。

(75)「ヒッカケル」と「ひっかける」395

「ヒッカケル」という意味は、アラム語の「コカラ」(罠)から来た言葉で、ヘブライ語文法にかなっており、「罠にかかる」「計略の引っかかる」の意味を持っている、とアイデルバーグ氏は述べている。アラム語については、次のように言われている。

《古代アラム語（紀元前850年－紀元前612年）各地の碑文によって知られる。当時アラム人は中東で重要な役割を果たし、アラム語は新アッシリア王国の外交のための国際語として使われ、エジプトからメソポタミアに至る地域で使われたが、まだ標準は成立していなかった。
帝国アラム語（紀元前600年－紀元前200年）アラム語は新バビロニアとアケメネス朝の行政のための公用語として、エジプト、アナトリアからインド亜大陸に及ぶ広大な地域で用いられた。また標準的なアラム語の文章語が成立した。なお、この時代の文献はほとんど残っていないが、主にエジプトからパピルスや革に書かれた文章が発見されており、その代表がエレファンティネ・パピルスである。また、聖書のエズラ記の中に引用されているアラム語の手紙はこの時代に属する。ほかにわずかな碑文が残る（ペルセポリスのものやアラム語で書かれたアショーカ王碑文）》（出典：『ウィキペディア』）
アラム語はヘブライ語より、流布していた言葉で、必ずしもユダヤ人が喋っていたということではなさそうだが、この言葉を日本にもたらしたのは、彼らであっただろう。
「ひっかける」という日本語が、彼らから来ていると考えることは、この言葉の意味が、罠にかける、という日本人らしからぬ犯罪性を含んでいるだけに、納得がいく。こう言っても、ユダヤ人は怒らないはずである。

(76)「ホー」と「ほう(法)」396

ヘブライ語で「ホー」は「法」「律法」「慣習」という、まさに日本語の「ほう(法)」と同じである。果たして、ヘブライ語から来たのであろうか。最初に考えるのは、漢字であるから、中国語からの語源の可能性である。

漢字の「法」はもともと「灋」と書き、「廌《ち》」という獣に触れさせて正邪を決定したことに由来するという。字の由来について『説文解字《せつもんかいじ》』には《灋は刑なり。平らかなること水の如し。直からざる者に触るれば去る》とある。このような考え方からは、日本の「法」の起源を考えることは出来ない。

固有の日本語では、「法」は「のり」「おきて」などと言われたが、「のり」は「宣《の》る」、すなわち神言を述べることを意味し、「おきて」は設定を意味する。もともと日本人は、このような「のり」とか「おきて」のように、抽象的な「法」ではなく、実際の生活上で、取り交わす人間同士の、約束のようなもので秩序を保っていたと思われる。文書を書く習慣がない民族にとって、口で約束することが、最高の定めであったのだ。

ヘブライ語の「トーラー」は日本語の「虎の巻」の「虎」のことだというが、これはもともと、「教え」という意味である。「ホー」とは異なる概念である。ギリシア語でaitiaという言葉が同時に「罪」と「原因」を意味するのは、古代ギリシア人が自然現象もなんらかの罪によって生ずると考えたからだという。

西欧でlex, loi, Gesetz, lawなどの言葉は「法」という意味と同時に、「法則」という意味も持っている。オーストリアの法学者・ハンス・ケルゼンHans Kelsen（一八八一―一九七三）によれば、これは未開人のアニミズムにおいて自然の万物もおのおのこの魂をもっており、相互に法で結ばれていると考えられていたからだという。

日本の生活上の規律は、おそらく、このケルゼンの言う考え方に近いであろう。

(77)「カツア」と「けつ（決）」402

「カツア」はアラム語で、「決定する」とか「決心する」という意味だという。意思決定をするとき使う言葉であり、他民族との争いが絶えないイスラエル人にとって、この言葉は、常に必要だったことであろう。一方、日本語の「けつ（決）」を採る、は、議案の採否を、賛否の数によって決める、ということで、近代の民主主義議会で、採決するという意味であり、最近の言葉だ、という印象を持つ。その例文としては、家庭用児童劇の一つ、坪内逍遥の『鳥の裁判』（一九二二）という劇に、《論はもう大概尽きたやうだから、決（ケツ）を取（ト）りませう》とある（出典：『精選版　日本国語大辞典』より）。

これは大正時代の作品での例だが、しかしユダヤ人が日本に来たころの古代にも、案外、使われていたのかもしれない。「決を採る」ということは、小さな集まりでも、なされていたはずである。確かに、聖徳太子の「和」をもって貴しとなす、という共同体の在り方に基づけば、このような言葉を使っていたと考えることが出来る。

(78)「ナギ」と「ねぎ（禰宜）」408

「ナギ」は古代イスラエル神殿の職員を示す職掌だという。一方、「ねぎ（禰宜）」は日本の神社の下級神官である。日本語においては「禰宜」の語源は「和ませる」の意味の古語「ねぐ」であり、神の心を和ませてその加護を願うという意味とされている。日本語から発したものと書かれている。古代には、神に祈請を行う者、祭祀に専従する者を指した。古制では神主の下位、祝（ほうり）の上位に置かれ、また、神職の総称とされたこともあった（『ウィキペディア』より）。

この「ね・ぐ」は「労ぐ、犒ぐ」と書き、《1　神の心を慰めて、加護を願う。例文「和魂《にきみたま》を―・ぎて王船《みふね》の鎮めとし」『神功紀』。2　いたわる。慰める。ねぎらう。例文「勇みたる猛き軍士《いくさ》と―・ぎ給ひ」『万葉集』四三三一》と、『デジタル大辞泉』（小学館）にある。

例文がこのように、『日本書紀』や『万葉集』であることから、古から使われていたことが理解される。そして「祈《ね》ぐ」とも書き、これは「祈願する」、「いのる」の意味である。例えば、《いその神ふりにし恋のかみさびてたたるに我は―・ぎぞかねつる》（『古語拾遺』恋四）などと用いられる（出典：『デジタル大辞泉』小学館）。

興味深いことに、賀茂神社、松尾《まつのお》大社、日吉《ひよし》大社、平野神社では禰宜は第一の神職とされ、一方で、伊勢神宮、香取神宮、鹿島神宮ではその上に大禰宜が置かれており、二つの異なる系統の神社があることである。私は、すでに日本には、高天原系と出雲系の神社がある、と指摘しているが（拙著『高天原は関東にあった』勉誠出版、二〇一八年）、その高天原系の香取神宮、鹿島神宮では、さらにその上に大禰宜が置かれており、出雲系より格が高い地位を持っていたことになる。

しかし明治時代以降では、伊勢神宮や鹿島神宮、香取神宮を含む官国幣社に禰宜だけが置かれることになった。そして第二次世界大戦後、すべての神社に禰宜を置く現在の制度になった。禰宜は、年齢的にある程度成熟し、知識や経験が豊富な者が務めることが多く、一般に、祭祀では重要な役割を担っている。

『禰宜山伏』という狂言では、伊勢の御師《おし》（禰宜）と羽黒山の山伏（修験者）が祈禱を競ったところ、祭神（大黒天）が、穏やかな性格の禰宜にひかれていった様子が描かれている。この狂言の意味することは、山伏の多い出雲系と、禰宜を主とする高天原系神社の性格の違いを示していて、注目される（出典：『神道行法の本―日本の霊統を貫く神祇奉祭の秘事』学研、２００５年）。

ヘブライ語の神殿の職員の「ナギ」が、日本の神社の神官の名になったということは、蓋然性があることである。ユダヤ系秦氏である賀茂神社、松尾大社、日吉大社、平野神社系が、そうした名前を使っていることはその証拠となろう。一方、伊勢、鹿島、香取、の三大神宮は、後にその制度を受け入れ、そこに大禰宜の地位をつくったのであろう。

(79)「ナムイ」と「ねむい（眠い）」410

ヘブライ語の「ナムイ」の語根は、ナムで、「眠い」の意味。ヘブライ語ではない言葉だが、文法には完璧に従っている。このような疲労による睡眠を望む言葉は、ユダヤ人の言葉だろうと思ってしまうのは、私だけであろうか。旅をする人々と、定着した住居に眠る人々では、どちらがこの言葉をより多く連発するか、である。

「ねむい（眠い）」は、眠りたくなっている状況。睡眠がとりたい、という意味だが、俗語にとぼけている、という意味がある。状況判断が甘いのを、「眠いこと言うんじゃない」というのも、彼らが言いそうな表現であろう。日本人の言葉として「ねる（寝る）」という言葉がもともとあった、と考えられるから、そこから「ねむい」は、出やすい言葉と考えられる。

(80)「スゲイ」と「すぎる（過ぎる）」412

「スゲイ」は「通り過ぎる」「歩く」という意味で、ユダヤ人たちがディアスポラで、歩いてきた体験から、この言葉がつくられたことであろう。一方、「すぎる（過ぎる）」という言葉は、通り過ぎる、の意味だけでなく、度を越している、という意味がある。

この二つの意味がなぜ同じ言葉になったのだろう。この「通り過ぎてきた」体験が、一般の人、日本人にとってあまりにも遠いので、「スゲイ」が「すごい」に変わったのではないか、というのが私の説である。「過ぎてきた」は、誰にでもある旅の体験語である。しかし、日本人が考えられない「すごい」の語源は、「じかに」の意味を表す副詞「すぐ（直）」の形容詞化したものとする説があり、度を越していることを表す「すぐ（過ぐ）」の形容詞化説や、古く、強く恐ろしいことを表した「しこ（醜）」に通じる説もある。「すごい」の意味から「直」が影響しているとは考えられず、「醜」は意味が限られるため、度を越していることを表す「過ぐ」の説が妥当であろう。古く、凄いは寒く冷たく骨身にしみる感じを表す言葉としても用いられた、という。「ぞっとするほど恐ろしい」「ぞっとするほど物寂しい」など、「すごい」に「身の毛がよだつ」の意味が含まれるのも、その延長にあると思われる。いずれにせよ、ヘブライ語の「スゲイ」は、日本語の「すぎる」の語源であるだけでなく、度を越している、という意味の「すぎる」から考えて、「すごい」の語源らしいということがわかった。

（81）「シャヴァ」と「しゅう（週）」414
「シャヴァ」とは、《「週」のヘブライ語名。（M）שבוע（shbv'e / שבועות〜shbv'evt)》であるといい、それが「しゅう（週）」となったという説である。「シャヴァ」という発音は、ヴァがあって、「しゅう」にはならないのではないか、と思われるが、発音上、それが消えて聞こえることもあり得よう。

ところで「週の起源」について、《週の起源は古く、…。バビロニヤの発掘物の研究の結果によると、バビロニヤでは太陰暦を用いて、新月から日を29日、または30日まで数えて7日、14日、21日、28日を安息日としていたということである》（出典：渡邊敏夫著『暦（こよみ）入門―暦のすべて』雄山閣、一九九四年）。また、「週と世界暦」について《七日という周期は朔望月の四分の一に関係あるわけで、太陰暦を用いていた古代バビロニアに起こり、それがユダヤ暦に入ったものと思われます》（出典：青木信仰著『時と暦』東京大学出版会、一九八二年）。これらの引用からわかるように、日本に直接入ってきたのは、《週と七曜の習慣は、キリスト教とともに中央アジアを経て中国にまで達した》（「わが国への七曜の伝来」の項）と考えられる。ここから、「週」はキリスト教ネストリウス派の蘇我氏が持ち込んだ、と推測できる。

これまでは、仏教占星術とも習合して『宿曜経』という経典が成立し、この『宿曜経』が、弘法大師によって日本に伝えられた（八〇六年）とされていたが、これより以前であった、とアイデルバーグ氏の指摘から理解されよう。

注《「この七曜日のわが国への伝来は、実は古いことで、わが国が施行した中国暦法の宣明暦によってつくられた具注暦といわれている宮廷関係者が使っていた暦には、古くから毎日の日付の上に朱で七曜日が注記されていた。」また、ｐ２３０「わが国への七曜の伝来」の項に「週と七曜の習慣は、キリスト教とともに中央アジアを経て中国にまで達した。また仏教占星術とも習合して『宿曜経』という経典が成立した。この『宿曜経』は、弘法大師によって日本に伝えられた（八〇六年）。中央アジアでは七曜は当時国際語として広く使用されたソグド語で呼ばれていたが、そのうち太陽・日曜を表す「ミル」という語は漢字で「蜜」と書かれた。平安時代に宿曜占星術が貴族の間で流行するようになると、具注暦の最上段に二十八宿（古くは二十七宿）と七曜が記載されるようになった。その際、日曜は「蜜」あるいは「蜜・日」と記された。七曜の記載された最古の具注暦は藤原道長の日記『御堂関白記』に書かれたものである。」と記載》。（出典：暦の会編『暦の百科事典』本の友社、１９９９（ＮＤＣ：４４９・０３）（１１０８１８１３４６）ｐ46）。《レファレンス事例詳細（Detail of reference example)。

（82）「シア」と「し（詩）」４１７

「シア」は、アクセントは「シ」にあり、「詩」とか「歌」という意味だという。日本語においては、「うた（歌）」という言葉で、和歌、短歌、長歌を古代から作っており、「し（詩）」は漢詩を意味した。だがヘブライ語から来た「シ」が「し（詩）」として残り、後に、和歌、短歌、長歌、俳句、川柳を指す意味にもなっていったと考えられる。

漢字の「詩」は「思い」や「記憶」を言葉にしたもので、特に西周のころの古代中国の歌謡を編纂した詩編を指した（のちに『詩経』と称される）。つまり、中国から来た「詩」の方は、日本の「和歌」の意味を含まなかった。日本では明治になるまでは「詩」といえば漢詩を指し、「歌」は日本古来の歌謡から発したものを指していたと多くの史家は考えていた。文学の一形式として「詩」の語を使うようになったのは、古代西洋文学の影響から作られた『新体詩抄』などを起源とする説がある。だが、ヘブライ語の「シ」が、古代から日本において、和歌、短歌、長歌、俳句、川柳を指す意味において、「詩」という言葉に含まれていたからこそ、結びついたと言うべきだろう。

（83）「ショムロン」と「すめら」418

ヘブライ語の「ショムロン」はサマリア（イスラエルの失われた十部族の故郷。北王国イスラエルの首都）の意味で、日本語の「すめら」は、「天皇」のことを「すめらみこと」というが、その元になったとアイデルバーグ氏は考えている。「みこと」は「彼の王」という意味で、「サマリアの王」のことになる、と述べる。

天皇という称号は、中国から取り入れたもので「てんのう」と呼んでいる。日本では、それを「スメラミコト」、「スベラギ」、「スベロギ」などと訓読みした。古代中国では、神話伝説上の「帝王」に、「天皇氏」、「地皇氏」、「人皇氏」があるが、一般的には、「天皇」とは道教系の神名で、北極星を神格化した神をいうものであった。

中国で「皇帝」が「天皇」と称した例は、唐の高宗（在位六五〇～六八三）がある。

しかしこのときのみで、中国ではもっぱら宗教上の用語であった。日本での用例は、六〇八年(推古天皇一六年)聖徳太子が隋《ずい》に送った国書に、「西皇帝《もろこしのきみ》」に対して「東天皇《やまとのてんのう》」と称した、と『日本書紀』に書かれているのが最初とされた。

古代国家の「大王」がとくに「天皇」の称号を採用したのは、自身が「天の神の子孫」であることを強調するとともに、国の最高祭司として自ら祭祀を行い、祭りをすることによって神と一体化するという宗教的性格の強い王であることを表したものであろう。日本訓《よ》みのスメラミコトのスメラは、玉に紐《ひも》を通して、その両端を握る意味の「統《す》べる」で、統治することをいう。ミコトは、神や身分の高い人の敬称で、神の言葉を身に受け、神の言葉を発する人を意味するミコトモチの略とされる。すなわち、スメラミコトとは、「統治する尊い方」という意味となる。天皇は、神祇《じんぎ》に対しては、皇孫の意味で「スメミマノミコト」と称した、と考えられている。ここで、「サマリアの王」が「すめらみこと」の原型となったことを知っている人々は、ほとんど日本人におらず、僅かに、秦氏系の人々だけで、日本人は誰も、そこから来た言葉とは思わなかった、と考えられる。またそれを知っていた古代のユダヤ系の人々も、その言葉が『聖書』から来たことを語らなかった。またそれを日本語で訳す意思がなかったので、理解させようとも考えなかった。つまり同化したために、その過去を知らしめようとしなかったのである。このことは、すべてのヘブライ語起源の言葉について言える。

天皇の敬称、別称は、歴史上きわめて多彩に呼ばれている。七世紀中ごろからは、神と一体の尊い人として現人神《あらひとがみ》、現御神《あきつみかみ》と呼ばれ、また天照大神《あまてらすおおみかみ》の子孫の意味で「日の御子《みこ》」とも呼ばれることもあった。

古代以来の天皇の別称には、大君、上《うえ》、上《かみ》、主上、皇上、聖上、今上《きんじょう》、当代、当《とう》今《ぎん》、至尊、聖《ひじり》、一人《いちじん》などがあり、上御一人《かみごいちにん》、すなわち現に上に在る尊い人という意味の言葉が多い。また中国での皇帝の別称もそのまま用いられた。すなわち、天命を受けて天下を統治することから天子、天朝、一天の君、四海を統御する意味で御《ぎょ》、天子は南面し臣下は北面することから南面、天子は一万の兵車を出す広い土地を治めることから万乗《ばんじょう》、万乗の君、一天万乗の君などの称がある。さらに、仏教から出た天皇の別称があり、十善戒を守る功徳《くどく》で王となるとされることから十善の主、十善の王と呼び、須弥《しゅみ》四洲《ししゅう》を治める王の意味で金輪《こんりん》、金輪聖王《じょうおう》、聖主、聖皇と称した。

(84)「ウム」と「うむ（生む）」421

「ウム」というヘブライ語は「母」という意味である。そうであれば、日本語の「うむ（生む）」であることは、自然のなり行きのように想定したのであろう。日本語の「うむ」がヘブライ語から来た、という説が成り立つとすれば、ヘブライ語の「母」という意味を知らず、「母」の最も大事な役割である「生む（産む）」という意味だと、結びつけた、という早とちり、とでも言うべき受け取り方があった、と考えられる。

それ以前、「生む」という言葉がなかったわけではなく、「さんする（産する）」という言葉が使われていたと考えられる。「お産する」は、漢字「産」からでなく、「さんさん（燦々）」と輝く、というような喜びの擬音語から来たものと思われる。それがすぐに、漢字の「産」に結びつき、「産む」となっていった。それが、「ショウ」「セイ」と読む「生」の字で「生む」と書かれるようになったのではないか。しかし、「生」は、草が生え出る様子をそのまま字に表した漢字であり、子供を生む様子から出た言葉ではない。母と関係なく、「生」が独り立ちして、訓読で「い（かす）」、い（きる）、い（ける）、う（まれる）、う（む）、お（う）、き、なま、は（える）、は（やす）」などの意味となって、日本語で使用されたことになる。

もともと、日本語の「母」は、「はは」という古い口承語があり、それが母の乳房から来た漢字の「母」に結びついた、と考えられる。日本の漢字辞典を開くと、この「はは」は「原日本語」で、《中世はFaFa（Fは英語の音とは異なる）、さらに古代はpapaと発音されていたとの説がある。はは－ばばの対応関係はちち－ぢぢの対応関係に同じ。のちに、haha→hkahka→kaka（cf. かか、かかあ〉かあさん、おかあさん）となったとの説もある》という。類義語として、かあさま（母様）おかあさま（御母様）かあさん（母さん）、おかあさん（お母さん）、おかあ、おっかあ、おふくろ、と「かあ」が使われる。子供が、母音を好むからであろう。こちらの「かかあ」が一般的にあったと考えられ、それだからこそ、「ウム」が母と結びつかず、「生む」の意味となったのだろう。

ただ、日本では「さんする（産する）」という言葉が、すでにあり、この言葉から「生む」に結びついた、と考えられる。というのも、子供は、母が受動的に「産した」後、「生まれる」、という過程があるからである。

（85）「ヤカド」「ヤカ（ド）」と「やけど（火傷）」「やく（焼く）」４２２、４２３

「ヤカド」と「ヤカ（ド）」は共に、ヘブライ語で「焼く」とか「火にかける」という意味で、それが「やけど（火傷）」や「焼く」という日本語になったという。「やけど」を漢字で「火傷」と表記するのは、意味からの当て字である。「やけど」の「やけ」は「焼け」、「ど」は「所」「場所」などを意味する「処」で、「焼け処」が語源である。（井原西鶴の浮世草子『好色二代男』に「脇腹を見たまへば、焼所ありありと」とある）。

日本語としての「やく」、「やける」について、辞書では、次のように記述している。《① ア：「たく（燃やす）」、「燃える」（例：燃焼）。イ：「火であぶる」、「火で熱くなる」。ウ：「心を悩ます」、「苦労する」。エ：「苦痛などのあまりからだをよじる」。② 「雲などが日に映って赤くなる事」（例：夕焼け）。③ 「赤い」、「炎のように赤い」。④ 「病気で熱が出る事」。⑤ 「酒の一種」（例：焼酎）。⑥ 「野原を焼く」、「春の初めに野原などの枯れ草を焼く火」。⑦ 「熱い」「燃える」とか「燃やす」「熱くなる」》といった言葉があり、そこに新たに「焼く」という言葉が加わったと考えることが出来る。「たく」とか、「あぶる（炙る）」、あるいはア：「刃物の刃を焼いて堅くする事」。イ：「ゆるんだ気持ちを引き締めさせる」、「制裁や拷問を加える」（例：ミスをした者に焼きを入れる）などの用例を挙げている。これらは「焼く」という意味から派生した使い方であろう。

これが心理的な、《イ：「ねたむ（他人が自分よりすぐれている状態をうらやましく思って嫌う」とか、ウ：「嫉妬する（自分の愛する者の愛情が、他の人に向けられるのを嫌う）」（やきもちを焼く）》という言葉は《日本のみで用いられる意味》と記されているところは、日本に同化したものの、かつてのユダヤ人の感情を復元したのかもしれない。日本人の多くは、元来、こうした感情は、「お祓い」を受けると、なくなるものと考える習慣を持っているからだ。

（86）「ハラヴ・アセ」と「ほろぼす（滅ぼす）」４３２

「ハラヴ」とは、「滅びる」、「破滅する」の意味で、「アセ」は、「～にする」で、二語を合わせて、「滅ぼす」という意味となる、という。

日本語では類語に「絶やす」という動詞がある。子孫を絶やす、とか、害虫を絶やす、いつも笑顔を絶やさない、といった使い方をするが、一方、「滅ぼす」は、「隣国を滅ぼして領土を広げる」とか「酒で身を滅ぼす」といった日本（人）らしからぬ

(?) 行動について使用する。

「絶やす」と「滅ぼす」の使い分けには、「絶やす」は、害虫や悪の根のようになんらかの方法によってなくなるようにする場合や、子孫のように続いてきているものをとぎれさせ、以後存在しないようにする場合、品物や火のように、なくなったままにしておく場合とがある。一方、「滅ぼす」は、ある集団的なものを、力や害を加えてなくしてしまったり、だめにしてしまったりするような場合にいうことが多い(『使い方のわかる　類語例解辞典』小学館)。

このように、「絶やす」という言葉は元から日本語として存在している言葉であり、一方、この「滅ぼす」という言葉はヘブライ語から来た、とする、アイデルバーグ氏の主張は、正しいと思われる。

(87)「イシャ・ツアヘク」と「いちゃつく」414

「イシャ・ツアヘク」とは「イシャ」は「女」、「ツアヘク」とは「遊ぶ」だという。女遊びをすることとなる。それが日本語では「いちゃーつ・く」という言葉になったというのである。

《仲のいい男女がなれなれしくふざけ合う》というような言葉は、日本語としては、あまりいい印象を与えないものだ。こうした言葉は、さらに「てまどる」とか「ためらう」という意味もある。

《この毒薬を呑まうか呑むまいかと―・く所に》（洒『新吾左出放題』）の例は、江戸時代に使われていたものだが、さらに「もめる」という意味で、《又何か―・き過ぎて二階《にけえ》を止められると》（滑・『浮世床』二）でも使われている。このような江戸時代に多い言葉が、古代に伝わっていた言葉から出た、というのも考えにくいが、江戸時代以前が漢文中心の文章時代では文字として描かれず、まさに人口に膾炙《かいしや》していた民衆言葉であったと思われる。江戸時代の戯作《げさく》と言われる口語体の文章に登場しているからといって、この時代以降、使われた言葉とは限らないであろう。

（88）「キイワセル」と「きあわせる（来合わせる）」451
「キイワセル」は実際にヘブライ語として、現代でも使われており、キ（～のとき）＋イワセル（告知するであろう）で、「（待っているときに大切なことが起こると）告げられるとき」のこと、とアイデルバーグ氏は述べている。一方、「きあわせる（来合わせる)」は、たまたま来ること。また「イワセル」(告知するであろう)と「言わせる」は類似している、と述べている。

このような言葉は、ディアスポラのユダヤ人にとって、出会いというもの、そしてそのときの会話で、何かを告げられることの重要さをよく示している。

定住民の日本人にとって偶然に「来合わせる」は、ユダヤ人ほどには重要なことではない。遠くから来た者同士が、出会うということはある意味では運命的で、劇的なものだろう。あそこに行けば必ず会える、という環境や境遇では、この言葉はさほど使わないだろう。その意味で、この「きあわせる(来合わせる)」は、ヘブライ語から来た、と考えることが可能だ。

(89)「キナ・シマ」と「かなしむ(悲しむ)」452

「悲しむ」という言葉は、普遍的で、外国の言葉から伝えられた、などという類の言葉ではない。ただ、他の言葉で言ってきたものを、新しい言葉で、言い換えることは、当然あってよい。流行語のように別のニュアンスを感じて、言い直すこともあろう。

≪古く、「悲しい」は「心が強く痛むさま」「切ないほどいとおしい」「かわいくてならない」「悔しい」「残念」など、マイナス面に限らず、激しく心が揺さぶられる状態をいった言葉である。悲しいの語幹「かな」には、「しかねる」の「かね」と同源の語で、力及ばず何もできない状態のこととする説がある。しかし、「かなしい」は心の動揺を自分で抑え切れない状態と考えたほうがよく、感動の終助詞「かな」の品詞転換であろう》（出典：『語源由来辞典』）。

私は、この「かなしい」の元は、力及ばず、何も出来ない、という「かね」から来たという、日本語に本来の意味があるのではないかという説を取りたい。そこから「かなしい」という言葉があったのだ。

そこに偶然とはいえ、アイデルバーグ氏が「キナ・シマ」の「キナ」が、「悲しむ」ことだ、という説に加え、「コネン」という言葉にも関連する、と述べているのだが、それが「哀悼する」という意味だという。そして「哀悼」と「記念」は、ヘブライ語の伝統では同義だという。例えばユダヤ語暦五月九日は、ユダヤ人が聖書の「哀歌」を読み、古代エルサレム神殿の滅亡を「哀悼」する「記念」日となっている、と書いている。つまりユダヤ人にとっては、「記念」するという言葉が、どれも「哀悼」を示す言葉になってしまうのである。

一方で、《悲しいの「悲」の漢字は、「非」が羽が左右反対に開いたさまから、両方に割れる意味を含む。その「非」に「心」で、悲は心が裂けること、胸が裂けるような切ない感じを表す。哀しいの「哀」の漢字は、「衣」が被せて隠す意味を含む。その「衣」と「口」で、哀は思いを胸中に抑え、口を隠してむせぶことを表している》という。こうした悲しい、哀しい、という言葉が、漢字にあったが、しかしこれを「かなしい」と呼んだのは、日本人であり、「キナ・シマ」という言葉の母音から見ると、かけ離れているようだが、子音が共通していることから、それが転じて「かなしみ」と呼ばれるようになったというアイデルバーグ氏の考え方は、必ずしも間違いだとは思われない。

(90) 453「カー・ゴメ」と「かごめ」

「カー・ゴメ」の「ゴメ」は、葦とか紙草、パピルス（古代、紙の原料）という意味で、「カー」は「編む」という意味。日本語の「かごめ」は「籠目」で、竹などを組んだ編み目である。

イスラエルの旗で名高い、三角形を上下に絡み合わせた文様は、六芒星（ヘキサグラム）と呼ばれている。意図するところは不明だが、西洋では、「ダビデの星」あるいは「ユダヤの星」と呼ばれ、古代ギリシャ時代よりユダヤ教のシンボルとして知られている。中世には、錬金術師たちの間で、水（△）と火（▽）の対照的なシンボルを組み合わせたものと考えられ、神秘的な用法がとられていた。この「かごめ」について、やや詳しく論じてみよう。ここで引用するのは、インターネットからヘブライ語に精通する研究家の分析である（「『かごめ』の意味とはＰａｒｔ１」『日本とユダヤのハーモニー＆古代の研究』より）。これは大変興味深いので、紹介しておこう。

「かごめの歌」という童謡がある。

「かごめかごめ
籠の中の鳥は
いついつ出やる
夜明けの晩に
鶴と亀と滑った
後ろの正面だあれ？」

このわらべうたは何故か、古くから歌われ続けてきた。竹で編んだ籠に見られる格子状の籠目の形や、六角形をした亀《カメ》の甲羅模様から、これらが原型となり、最終的に六芒星の形になったのではないかと言われる。「かごめかごめ」の歌詞にある「籠の中の鳥」という表現は、モーゼの時代に作られた「契約の箱」、聖櫃《せいひつ》を意味しているという説もある。『旧約聖書』には、その箱の中に神の息吹によって刻まれた聖なる十戒の板が保管され、箱の上部にはケルビムと呼ばれる二羽の金の鳥が向かい合って添えられ、聖なる箱を守護する役目を果たしていたことが記載されている。

歌には「籠の中の鳥」が「いついつ出やる」と歌詞が続く。この言葉からも二羽の鳥の存在が浮かび上がり、また「籠の中」という表現からは、何かが囲まれ、封じ込められているようである。二羽の鳥は、契約の箱の上に飾られた守護神の鳥、二羽のケルビムを指しているのだろう。

ところが、これだけ籠目印とダビデの紋との共通点が指摘され、「契約の箱」と「籠の中の鳥」の関連説が出されていたにもかかわらず、その籠目印の「わらべうた」となる「かごめかごめ」の歌詞がヘブライ語で書かれていることが検討されなかった。「かごめかごめ」の歌詞に含まれるヘブライ語は、「かごめ」という言葉だけにとどまらず、一貫してヘブライ語で読むことが出来ることが判明している。

まず「かごめ」の「かご」は、「ベルトをする」、「囲む」、を意味する חגור（khagor、カゴー）というヘブライ語が語源と考えられ、そこに接尾語として「誰」、「何」を意味する מי（mi、ミー）を付けて合わせた言葉が חגור מי（khagormi、カゴーミー）となる。その発音は「かごめ」と極めて類似した響きを持つ言葉である。もし、ヘブライ語の「カゴーミー」が多少訛って「かごめ」になったとすると、ヘブライ語で、「何を囲む？」、「誰を取り囲む？」と解釈できる。つまり、「カゴメ」という言葉は何か大切なものを確保し、それを取り囲んで守ったり、ベルトを締めたりするようなことを意味するのではないか。

「かごめかごめ」を歌うとき、みんなで手をつないで輪になったのも、大切な何かを「囲む」という意識があったと考えられる。遊戯の要点は、目隠しされた鬼を子供たちが「囲み」、鬼の背後にいる友達が誰であるかを言い当てるというものである。大切なものを囲み、それをみんなで守るというヘブライ語での意味が、日本語では、いつしか遊戯のための歌として歌われるようになった、と思われる。

囲まれている鬼が目隠しされて目が見えない状態にある、ということになる。囲まれて守られている中心的な存在が、いつの間にか人の目から隠されてしまっている。

鬼は神仏に関わる存在で、鬼が目隠しされる姿とは、神格化された大切なものが隠されてしまっている状態ということになる。それは、一種の神隠しのような状態になることなのだ。「カゴメ」はヘブライ語で「何を囲むのか」という意味であるという前提で考えると、この目隠しの遊びの背景には、何か大切なものが囲まれて隠されるという状況が想定されていたと思われる。

神話が語られる社会において、大切なものは、神宝である。日本の歴史においても「三種の神器」に代表される神宝は、天皇の保持する大切なもので、歴史でも重要な存在であった。「かごめかごめ」の歌の背景に神宝の存在がある。「かごめ」の後に続く歌詞をヘブライ語で読み続けると、そこには思いもよらぬメッセージが込められていたことに気付かされる。

「籠の中の」は、「かご・の・なか・の」という4つのヘブライ語により形成された言葉と考えられる。「かごの」は、前述のとおり「囲む」、「取り囲む」を意味するחגור（khagor、カゴー）に、願いや嘆願の気持ちを込めた「お願いします！」という意味のנא（na、ナ）を合わせたחגורנא（khagorna、カゴーナ）というヘブライ語である。それは、「囲ってください」、「取り囲んでください」と願い求める言葉になる。何かを封じ、ガードするような意味にも捉えることができる。いずれにしても、大切なものを必死に守ることを意味する言葉と考えられる。

次に「なか・の」をヘブライ語で読むと、「なか・の」の「なか」は、「休む」、「安らぐ」を意味する נח (nakh、ナカ) である。そこに願いの思いを込めた、「な」נא (na、ナ) を付け加えると、נח נא (nakana、ナカナ) となる。その意味は、「休んでください！」、「安らぎを！」となるという。

「籠の中の」は、ヘブライ語で「カゴーナ」と「ナカナ」を合わせた言葉を意味する。「カゴーナ・ナカナ」は多少訛るだけで「かごのなかの」と聞こえる。それは「取り囲んで休んでください！」、すなわち、「しっかりとガードして安置せよ！」という意味になり、これはまさに、大切なものを守護するため、それを囲んで封じ、どこかに安置して秘蔵することを示唆する言葉ではないか。

ところで、この最初の言葉から、最後までの「かごめかごめ」の歌詞から読み取ることができるのは、次のような意味だという。《何を取り囲むのか？　誰を囲んで守るのか？　封じて安置すべきものを取り出せ！　そして火をつけろ！　燃やし尽くせ！　社を根絶せよ！　造られたお守りの岩は功を奏することなく焼かれた荒れ地は見捨てられた》。

この歌詞から読み取ることができるのは、この大切な宝物が収蔵されていたかもしれない神の箱や建物全体までもが丸ごと焼かれてしまうということである。それは、厳しい神の裁きが定められていたことを「かごめかごめ」の歌詞から読み取ることが出来るということである。それは、この歌の対象となる舞台が神宝とのつながりを持つ場所、すなわち国家のリーダーである天皇がお住まいの地である可能性も示唆している。すなわち、「かごめかごめ」の舞台裏には、神の社と皇室の象徴となる神宝だけでなく、国家を統治する天皇の存在も見え隠れしていることになる。

いずれにせよ、神の社と神宝の箱が焼かれるという背景には、その地域にて長年、不信仰な行いが蔓延し、神の怒りをかったことがあるのではないかと推測される。神から裁きを受けて聖絶され、根絶やしにされた町、村、都市の事例は、聖書にも数多く記載されている。

最も有名な事例では、人々の淫行と罪のため、ソドムとゴモラが火で焼かれてしまった話がある。そのほか、不信仰の罪より、古代イスラエルにおいてもエルサレムの町に火が放たれ、国家が壊滅した歴史について多くの記録が残されており、またイスラエル周辺の国家でも、幾度となく不信仰な民は神の裁きにあい、滅ぼされたことが旧約聖書に記載されている。同様の出来事が、「かごめかごめ」の背景に存在していたと考えられる。

この歌が、ヘブライ語で意味があるということは、彼らの存在をこうした歌に託して、主張した、ということかもしれない。

ヘブライ語での解釈は、実は一つだけではなく、前述のような否定的な意味だけではない。「すーべった」を、「水を吸い出す」を意味する「ショーエヴェ」と解釈すると、「晩に鶴と亀が滑った」の意味が、「お守りの岩を造り、そこから水を引く」」、「造られたお守りの岩から水が湧く」となる。これは、水源が豊かな場所にて、お守りとなる岩を切り、磐座を造ったと理解することもできる。つまり火で焼かれる山から離れた場所の水際で、「お守りの岩が造られた」とも解釈できる。新たに「お守りの岩」が水辺に造られ、その周辺には水が湧いていることを示唆しているようにも受け止められる言葉である。

つまり、「かごめかごめ」の歌詞は、ヘブライ語でも2とおりの読み方があり、悲劇の結末だけではなく、未来志向のメッセージを伝えたものとしても読むことができる。これも、日本にやって来たユダヤ人の、その一神教が受け入れられず、しかしかえって、自然の豊かな日本に同化していく彼らの希望もまた込めていく、そのようなダブルスタンダードの態度を、いみじくも歌ったものであろう。

(91)「コオル・アセ」と「こおらす(凍らす)」455

「コル」はヘブライ語で、「寒い」の意味で、「コオル」も「寒い、冷たい」の意味だという。日本語の「氷」の起源の言葉である、とも言う。「アセ」は「……にする」という意味で、日本語の「こおらす」という言葉になった。このことに蓋然性があるのは、日本では縄文時代は、温暖化が進み、それほど「凍る」体験はなかったのではないかと思われるからだ。この言葉が使われたのが、関東、東北の寒冷化が進み、人々が南下し、近畿地方に移動し、「大和」国を形成したころだ。それが「天孫降臨」として神話化され、『記紀』に記述されている。移動の「神話化」が、瓊瓊杵尊とニギハヤヒノ尊が九州と近畿に移動したことを意味している。その後、大和国もまた、寒冷化するについて、ユダヤ人が秦氏として侵入し、その言葉を伝えた、と考えられる。

(92)「(レ)エイ・バー」と「よばい」457

「よばい」は、動詞「呼ばふ」の連用形「呼ばひ」に由来し、古代日本の婚姻当初の一形態と考えられている。求婚する女のもとへ通う妻問婚《つまどいこん》のことをいう。後には、強姦まがいに夜中に性交を目的に他人の寝ている場所を訪れる行為をも意味するようになり、この意味では「夜這い」とも表記されるようになった。「呼ばふ」の語義は「呼び続ける」こと。古代の言霊信仰では、相手の名を呼び続けることで言霊の力で霊魂を引き寄せることができると考えられた、という。

国文学関係の研究者の間では、一般にはよばいは古代に男が女の家へ通った「よばう」民俗の残存と考えられている。「よばい」という、男性が夜に一人で住む女性に性を求める行為は、まず縄文時代的な竪穴住居のような構造では、無理だと考えられるが、大和時代になって、家が広くなり、戸や襖で部屋が独立性が出てくると、これが可能となる。このことより、日本人が考えた方法というより、個人性が強い別の民族の性格に基づいているように思われるのだ。

これと似た性行為は、「歌垣《うたがき》」で、古代歌謡としての歌垣は、『古事記』『万葉集』

『常陸国風土記』『肥前国風土記』などで、読むことが出来る。万葉集巻九の《「……率《あども》ひて　未通女壮士《おとめおとこ》の　行き集《つど》ひ　かがふ刊歌《かがい》に　人妻に　吾《あ》も交はらむ　吾が妻に　人も言問《ことと》へ……」は、筑波山の歌垣で高橋虫麻呂が詠んだ歌であり、当時の歌垣の様子をうかがい知ることが出来る。

つまり、このような性的欲望による行為が、歌という言葉遊びと結びついて、恋愛行為の一つの姿として認知されたのだろう。これは、文字という文化と切り離せない。この風習が入ったのは、やはり帰化人たちが、行ったことと考えられるから、大陸からやって来たものたちの、暴力性が日本人の歌の精神によって、多少緩和する方向で、行為が行われたと考えられる。

(93)「マガル・アセ」と「めぐらす(巡らす)」458

「マガル」とは「曲がること」「円」で、「アセ」(……にする)「円にする」「巡らす」の意味となるという。一方、「巡らす」は、「円状に動かすこと」、「取り囲む」ことを意味する。近い言葉として「まわる(回る)」という言葉がある。これは、周囲をまわる、という意味だけでなく、「巡る」の意味もある。取り囲む、取り巻く、という意味だ。

空間的に「回る」、という言葉は、日本人にとって、身近な言葉として使っていたに違いない。しかし「めぐる」という言葉に、時間的な意味が生じたのは、おそらく、ユダヤ人がやって来て、その概念がもたらされたから、という可能性がある。というのも、自然の中にほぼ定住している日本人と、長い距離を巡ってやって来たユダヤ人には、時間という隔たりがあると日本人は考えただろう。これはヘブライ語のただ空間的な「マガル・アセ」にはない意味である。これにより、日本人は、この言葉に、時間を加えたことになる。日本語には《春がまた巡ってくる》《巡る月日》など、時間が回る、という概念にも使っている。

後の『源氏物語』（葵の巻）で、《深き契りある仲は、めぐりても絶えざなれば》と、仏教用語の「輪廻《りんね》」の概念で語っている。この仏教的概念を、渡来人のユダヤ人の存在により、理解できるようになったのではないか。同じく「手習の巻」に、《我かくてうき世の中にめぐるとも誰かは知らむ月のみやこに》と歌っている。これも時間的な言葉である。

(94)「ミーサー・サガ」と「みささぎ（陵）」467
「ミサ」とは、ヘブライ語で「死」や「死者」のことを意味する。

「サガー」は閉ざすで、この二つを合わせて「死者は閉ざす」という意味から「墓」「陵」のことをいう。確かに、「墓」や「陵」を「みささぎ」と呼ぶのは、どの辞書を見ても、あまり両者に関連性が感じられず、腑に落ちない。

「ささぎ」とはミソサザイともスズメともされるが、古くは鳥類全体を呼びならわす言葉だった、という。古墳時代に帝位にあった仁徳天皇は、生前の名は「大鷦鷯天皇（おおさざきのすめらのみこと）」で（仁徳の名は崩御後の諡号《しごう》）、世界最大の前方後円墳に鎮まるこの名君の「おおさざき」から、天皇陵全般を「みさざき」、転じて「みささぎ」と呼ぶようになったという。

では仁徳帝はなぜ「おおさざき」＝「大きな鳥」という名だったか。古代の日本では、鳥は帝王と重ねられるほど神聖で、神に等しい存在だったからだ、という。白鷺などのサギ類の「さぎ」も、「さざき」から派生したと考えられている、という。つまり、「鳥」を表す「さざき」に、接頭語の「み」がついて「みささぎ」だという。日本の帝王が、鳥だ、という考え方は、果たして正しいだろうか。インターネットの質問サイトで、「『身をささげる』意味で、『みささぎ』というのか」という質問に対し、そうではない、という説が載せられ、次のような説明が書かれている。

御陵は「みささぎ」と読むが、古くは「みさざき」といった。「み」は敬語表現で「さざき」は古語で「鳥」のことを指した。鳥は天照大御神の岩戸隠れのエピソードにも「常世の長鳴鳥」が出てくるように、あちらの世界とこちらの世界とをつなぐものと考えられていた。その結果、祭祀をする場には鳥の止まり木を置いたことが元になり、墳墓であり祭祀の場である御陵を「みさざき」といい、時を経ると音は「みささぎ」に変化した、という説である。

ちなみに、古代エジプトなどでは、太陽神は、鳥の姿で描かれ、その頭に、球が描かれる。しかし天皇は、太陽神ではない。太陽を崇拝する祭祀王の立場である。日本では神は人なり、である。鳥を表す「ささぎ」「さぎ」が天皇だとも、その墓陵とは考えられない。

その意味でも、やって来たユダヤ人が、このヘブライ語の「ミーサー・サガ」というのを「みささぎ」と聞いて、日本語にした、と考えられる。

その理由は二つある。一つは、この死者の石棺を埋める古墳の建立の精神は、死者の蘇生を考える西方の人々、とくにキリスト教徒の考えであるからだ。日本は長く、死者は自然に帰るもので、霊は残っても、肉体的な復活は考えない。日本にやって来たユダヤ人たちは、この観念を日本人に植え付けようとしたために、多くの古墳を造ることを日本人に奨励した。日本人は、結果的には、それを受け入れ、古墳造りに協力したのだ。しかし、蘇生の実現までは考えず、その願いを込めて、石棺に死体を収める事業をしたのである。

そのヘブライ語の「ミササガ」＝「みささぎ」の言葉が、仁徳天皇の「大鷦鷯天皇（おおさざきのすめらのみこと）」の名に込められたのは、まさにやって来たユダヤ人に日本の土地を与え、歓迎したことに対する、熱い感謝の念があったから、と考えることが出来る。

(95)「ブカ・ハイ」と「ふくへい（伏兵）」475
「ブカ」は「邪魔」で「ハイ」は「兵」で、「邪魔をする兵」「伏兵」で、日本語の「伏兵」（敵のすきを見て襲撃するように隠れて配置された兵。事の途中で邪魔が入ること）の元になった言葉だという。『デジタル大辞泉』（小学館）では、《1・敵の不意を襲うために待ち伏せしている軍勢。2・予期しないときに現れ、たちはだかる人物や障害。「悪天候という―にあう」》とある。確かに、こうした戦法は、ユダヤ人が得意としたものであろう。少数の人数で、敵と戦うためには、こうした兵が必要とされたに違いない。一方の日本では、漢語でこうした言葉があったとしても、縄文時代から、戦争自体を避けようとする精神があり、卑怯な戦法をとるのは、最後の手段と思っていたから、こうした言葉は、あまり使わなかったと思われる。

問題は、「ブカハイ」という発音が、「ふくへい」と聞こえたかどうか、であるが、私はアイデルバーグ氏がユダヤ人として、「ふくへい（伏兵）」の発音に近い、とした判断を受け入れよう。

・以上のように、アイデルバーグ氏の指摘していた、五〇〇例の類似語の例から、日本人としての国語理解の立場に立ち、各種の国語辞典を駆使して、その当否を問うてみた。そのうち、九六例が、日本人としての私が、認定することが出来た。

・認定出来ないものが数多いのは、やはり、日本語は母音の方に力点を持つことが多いという原則を、アイデルバーグ氏が、たびたび無視して、子音における類似に多く着目しがちであること。氏自身が、日本語の類似語を、やや恣意的に取り上げすぎている点があることによる。ただ日本語への無理解は、外国人研究者の通弊であり、致し方ないことである。

•いくつかの認定の出来ない例を、前章で取り上げておいたが、これは、日ユの言葉の違いを問題にしたわけではない。私は二つの言語の相違や共通性は、単語ではなく、基本的には、言語の構造であり、単語の類似ではない、という認識に立っている。その問題が、この本には書かれていないのである。

•アイデルバーグ氏の指摘の中で、注目すべきは、ひらがな、カタカナとヘブライ文字の類似の指摘である。確かに、カタカナとヘブライ語の字体には類似性が感じられる。しかし子音重視のヘブライ語と母音重視の日本語とは根本的に異なる。形だけの類似であると、言語の本質を見損なう可能性がある。またひらがなやカタカナの成立は、九世紀ごろであって、すでに述べたように、漢字の一部から取った形と考える見方がいいのではないか。

•類似した単語については、アイデルバーグ氏は、次のように言っている。《私は十四年の歳月をかけて世界の各国の言語を調べあげた。世界には中南米のマヤ人をはじめ、いくつも「失われたイスラエル十氏族」の候補となる民族がいるのだが、日本語のようにヘブライ語起源の言葉を多数持つところはなかった。一般に日本語はどの言語にも関連がないため、「孤立した言語」とされているが、ヘブライ語と類似した単語がゆうに三千語を超えて存在している》と語っているが、氏の著書における五〇〇例を検討しても、その五分の一ほどであった。無論私の考察が完全だとは思わないが、五分の四のオミットは、それほど多くはない、という結果だと言っていいだろう。

•しかし、だからと言って、その中で、肝心な言葉があれば、数だけの問題ではない、と感じさせる。例えば、《天皇の公式名である「スメラ・ミコト」は古代ヘブライ語アラム方言で「サマリアの大王」を意味し、初代神武天皇の和風諡号である「カム・ヤマト・イワレ・ビコ・スメラ・ミコト」は「サマリアの大王・神のヘブライ民族の高尚な創設者」という意味になっているという（「サマリア」とは古代の北イスラエル王国の首都）。このことはすでに述べたが、ユダヤ人の、日本建国への貢献は、十分に予想させるから、否定できないであろう。日本語として直訳すると神（接頭語）＋倭（大和国・奈良県の旧国名）＋伊波礼（磐余・奈良県の地名）＋毘古（彦・男子）であり、これは神武東征を成し遂げ大和の地で日本を建国した若御毛沼命《わかみけぬのみこと》（若々しい食物の主の神・神武天皇の生前の御名）に贈られた諡号であるとされる（ノーマン・マクレオド著・久保有政訳『［超図解］日本固有文明の謎はユダヤで解ける』徳間書店、二〇〇四年／ヒカルランドにて新装版あり）ではアイデルバーグは（ヨッド＝Ｙ、アイン＝ａ'とした）。

カムヤマトイワレビコスメラミコト（初代神武天皇の和風諡号）ＱＭＷ・ＹＭｔｈＷ・ａ'ＶＲＹ・ＶＫＷＲ・ｓｈＷＭＲＷＮ・ＭＬＫＷｔｈＷ＝創設者・ヤハウェの民・ヘブル人・高尚な・サマリアの・王。ただし、同じ本で、ジェフ・メルニックによる　ビコ＝ＶＱＷＲ＝渡来したとの解釈も示されている。

アイデルバーグ氏によると、この『日本書紀と日本語のユダヤ起源』では、ヤマト＝ＹＨ　ＡＭＷｔｈＷとの解釈が示されている。天岩屋戸の前でコヤネが唱えたといわれる祝詞（ヒイフウミイ…）について、以下のような解釈を示した。（ヨッド＝Ｙ、アイン＝ａ'の書き換え法に基づく）

ヒイフウミイヨウイツムウナナヤアココノトウ

（神道の石上《いそのかみ》鎮魂法の「ひふみの祓詞」では、「ひふみよいむなやこともちろらねしき…」）H・YpfH・MY・YtsYAH・MH・Na' NH・YQNH・thVWA、その・美しい（人）・誰？　・出す・何？　・答える・連れ出す・（彼女は）来る（その美しい人を誰が出すのか？　彼女を連れ出し、彼女が来るために、どのように答えるのか？）。このような指摘は、ヘブライ語と日本語の関係が、古代の日本神話の形成に、大きな貢献をしたことを感じさせる。

第四章

他の学者による、日ユの言語類似研究

明治時代のヘブライ語の研究者として知られる学者に、川守田英二《かわもりたえいじ》（一八九一年三月二八日－一九六〇年三月六日）氏がいる。氏は東北の「キリストの墓」の近くの岩手県、二戸郡《にのへぐん》一戸町《いちのへまち》出身で、東北学院神学部を卒業した。

この「キリストの墓」は三戸郡新郷村《さんのへぐんしんごうむら》の戸来《へらい》にあり、氏の生地は、その後の研究に大きな影響を与えたと、私は考えている。この墓地は、十字架が一本立っているだけであるが、これは日本の歴史に大きな影響を与えた、蘇我氏のシンボルと考えられるのは、次の考察に関係しているので、簡単に触れておこう。

私の最近の研究で、六世紀に、ヤマト政権が蘇我氏によって支配され、崇峻《すしゅん》天皇が蘇我馬子によって暗殺されたり、聖徳太子でさえ馬子によって暗殺された（拙著『聖徳太子は暗殺された』育鵬社、二〇二三年）ことを分析した。そこでわかったことは、「我、蘇り」が蘇我氏の名前の意味で、ネストリウス派であった。このキリスト教の一派は、主流派に反対し、マリアの聖性も認めず、キリストだけを神性があると認めたために、追放され、一派は東方に信仰の活路を求めた。その一派が、蘇我氏となって、日本に現れ、蘇我氏四代をへて、天皇家を支配しようとした。しかし、乙巳の変により、彼らの陰謀が、一気に壊滅してしまった。その一派が、岩手、青森に逃げてきた可能性があるのだ。

川守田氏がそうした一族の子孫である可能性が高い。これにより、彼のキリスト教神学への傾倒が理解されるのである。一九二四年アメリカ合衆国のサンフランシスコ神学大学を修了した後、シアトルの日本人教会の牧師となった神学者である。ヘブライ語の詩歌の研究家として知られ、彼の著書は日ユ同祖論の根拠として用いられた。一九二八年（昭和三年）からワシントン州シアトルの日系人の長老教会の牧師を務めながら、ワシントン大学で東洋学を研究する。ヘブライ語に堪能で、日本の囃子言葉とヘブライ詩歌の共通性を説く著書を著す。日本でも、日本ホーリネス教会の中田重治らが影響を受け、日ユ同祖論を展開している。

一九四一年（昭和一六年）太平洋戦争が始まったために、一九四二年（昭和一七年）五月にアメリカ合衆国政府の命令で、タンフォラム集合センターに入る。九月にはトッパーズ地区センターに移っている。終戦と共に、サンフランシスコに戻り、スタージ記念館に日本人教会を再建する。その後、北カリフォルニア日本人教会連合会の会長として日本人教会の教会復興に尽力していた。著書に『日本ヘブル詩歌の研究』全2巻（一九五六年）、『日本エホバ古典』一九五九年『日本言語考古学』（一九五九年）がある。

川守田英二氏は『日本言語考古学』や『日本ヘブル詩歌の研究』で以下のような例を提示している（川守田は、ヨッド［yod］（י）＝I、アイン［ayin］（ע）＝Y、シン［shin］（ש）＝Sという置き換え法を採っており、以下はこれによる）。いずれにせよ、日本人学者はじえてのヘブライ語習得者で、氏の次のような34例は、信頼に値すると考えている。ここで引用しておこう。

1　ヘブライ語「アッパレ」（APPR）（栄誉を誇る）と日本語「あっぱれ」
2　「アラ・マー」（YL・MH）（どうした理由・何？）と「あらまー」
3　「アナタ」（ANT）と「あなた（貴方）」
4　「アナニヤシ」（YNNI・ISY）（ヤハウェは応えた・救護をもって）と「あなにやし」
5　「アノー」（AYNH）（私に応答させてください）と「あのー」
6　「アリガトウ」（ALI・GD）（私にとって・幸運です）と「ありがとう」
7　「オイ」（AWI）（泣く）と「おい、おい」

8　「オニ」（YNI）（私を苦しめるもの）と「鬼」
9　「オハリ」（AHR）（終端）と「おわり」
10　「オヤ」（AWIH）（禍いなるかな）と「おや、おや」
11　「グル」（GWR）（団結する）と「ぐるになる」
12　「グル」（GWL）（回る）と「ぐるぐる」
13　「コラ」（KRA）（自制よ）と「こら」
14　「サーイル・ニアラー」（SYIR・NYRH）（悪魔は追い払われた）と「さようなら」
15　「シャロマー」（SLMH）（平安あれ）と「さらば」
16　「スケベー」SKBH（肉欲的に寝る）と「すけべー」
17　「ソーラ（ン）」（SWR）（注目せよ。「敵」も同じ綴り）と「ソーラン」
18　「ダマレ」（DM・ALI）（沈黙を守れ・私に（対して））と「黙れ」
19　「ドシン」（DSN）（肥満）と「どしん」
20　「ノコッタ」（NKIT）（征服した）と「残った」
21　「ハッケ・ヨイ」（HKH・IHI）（なげうて・よろしく）と「はっきよい」

22「ハイ」（HIH）（生きている／居ます）と「はい」

23「ヒリ」（HIL）（痛みを感じる）と「ひりひり」

24「マズ」（MH・ZH）（何？・これは）と「まずい」

25「ヨイショ」（IH・IS）（ヤハウェは・助ける）と「よいしょ」

26「ワル」（YWL）（凶悪な者）と「悪《わる》」

伊勢音頭

27「ヤートコセ・ヨーイヤナ」（IH・TQY・SWR・IHWI・IkhNN）（ヤハウェは・投げた・敵を）（ヤハウェは在る・憐れみ深く）

28「コノナンデモセ」（KWNNH・NGID・MSH）（樹てた・指導者（祭司）・モーセを）

最上川音頭

29「ヨイコラマカセ」（IpfI・QHL・MkhH・SW）（栄光の・民は・清掃した・敵を）

30「エンヤラマカショ」（AWN・IHL・MkhH・SAR）（イワレヒコの・人格は・清掃した・残徒を）

31「ドスゴイ」（DWS・GWI）（踏み落とせ・異教徒を）

32「エンヤコラマカショ」（ANI・AQRAH・MkhH・SAR）（私は・布告す・清掃せよ・残徒を）

よさこい節

33「サコイ」（ISR・khWI）（懲らしめよ・カイ〈エブス：エルサレムの先住民〉を）

東北民謡

34「ナニャドヤラ　ドッコイセー」（DKA・khWI・SWR）（粉砕せよ・カイ〈エブス〉・敵を）

ここで挙げられているものは、重要なものが多く、この類似性によって、この問題が、具体性を帯びてきたことがわかる。例えば、3の「アナタ」は、今日まで日本語として使われているが、ただ言えるのは、他に数多くの二人称の表現があることだ。この言葉が、最初のものではない。6「アリガトウ」がヘブライ語から来ているというのも驚かされるが、しかし感謝の念は、この言葉からではない。

普通、「ありがとう」は、形容詞「有り難し（ありがたし）」の連用形「有り難く（ありがたく）」がウ音便化した語だと言われている。「有り難し」は、「有ること」が「難い（かたい）」という意味で、本来は「滅多にない」や「珍しくて貴重だ」という意味を表した。別の例として、『枕草子』の「ありがたきもの」では、「この世にあるのが難しい」という意味の使い方もある。つまり、「過ごしにくい」といった意味でも用いられている。中世になり、仏の慈悲など貴重で得難いものを自分は得ているというところから、「ありがとう」は宗教的な感謝の気持ちをいうようになり、近世以降、感謝の意味として一般にも広がった、と辞典に書かれている。

従って、私は、「ありがとう」の語源として、一六世紀にやってきたポルトガル宣教師などがもたらした語で「ありがとう」を意味する「オブリガード（obrigado）」の説があることも指摘しておきたい。しかし、ポルトガル人が日本へ訪れる以前から使われていた「ありがとう」が、ポルトガル語に由来するはずはなく、「オブリガード」と「ありがとう」の音が近いというだけの話である。

ただヘブライ語が似ているということは、前述の経緯を持つ「ありがたい」という日本語が生じる前に、来ていた可能性もある。その点では、ポルトガル語と同じく偶然かもしれないが、ヘブライ語の「アリガトウ」もこの言葉を流布するのに役立ったことであろう。18の「ダマレ」も、アイデルバーグ氏も指摘していたが、単独で彼らの使い方に影響されたものであろう。

21「ハッケ・ヨイ」（HKH・IHI）（なげうて・よろしく）20「ノコッタ」（NKIT）（征服した）25「ヨイショ」（IH・IS）（ヤハウェは・助ける）という、相撲用語は、確かに、「のこった」が「残った」のではなく、すでに「征服した」という意味だというのも、相撲の行司が、力士たちの取組が行われているときに言っているので、納得されよう。26の「ワル」（YWL）も、日本語ではもっと、具体的な意味での言葉を使っていたと思われる。無論、ユダヤ人が「悪」を日本に持ち込んだ、と言う気はない。

東北民謡に、ヘブライ語が見られるのは、岩手に近い青森の戸来村に十字架が存在することに関連していると私は考えている。その詳細は、別の研究を待つが、蘇我氏に蝦夷の名を持っている宰相がいることから、キリスト、ネストリウス派の存在を、蝦夷と結びつけることができる、と考えられる。

最後に「ナニャドヤラ（なにゃどやら）」のことであるが、これも、青森県南部から岩手県北部にかけての地域及び秋田県鹿角《かづの》地方の旧南部藩領内に伝わる盆踊りで歌われていることに注目したい。

すでに、これについての研究はなされており、ここではそれを引用するにとどめたい。

盆踊りでの「はやし歌」の歌詞からとられた名称。「ナニャトヤラ」とも言われる。踊りに定型はなく、地域によって、あるいはひとつの地域に何種類も伝わっている。南部地方以外の人にはニャンニャンと聞こえたため、「南部の猫唄」とよばれていた。土地の老若男女が夜を徹して踊りながら歌い、この晩だけは普段思い合っている男女が夜陰にまぎれて思いを遂げることを許されていたという。

長い間、さまざまに解釈されてきた歌詞は、歌の中でのはやし言葉として現れる。また地域によってもばらつきがあり、研究者が方言を聞き取って表記したため、さまざまな文献によって表記が異なる。

現在行われている「ナニャドヤラ大会」で見られる歌詞は以下の通り。

「ナニャド　ナサレテ　ナニャドヤラ
ナニャドヤレ　ナサレデ　ノーオ　ナニャドヤレ

ナニャドヤラヨー　ナニャド　ナサレテ　サーエ　ナニャド　ヤラヨー
ナニャド　ナサレテ　ナニャドヤラ　ナニャド」。

この意味不明な歌詞をめぐって、さまざまな説が出されている。

民俗学者の柳田國男《やなぎたくにお》が岩手県九戸郡種市町《くのへぐんたねいちまち》の漁村・小子内《おこない》（現洋野町《ひろのちょう》小子内）に立ち寄り、そこで見た盆踊り「ナニャドヤラ」について短編「清光館哀史」に書き起こした。この短編は、一時期、高校の国語の教科書にも掲載された。柳田が村の娘に教わったというその歌詞は「なにヤとやーれ　なにヤとなされのう」であるが、これを柳田は「何なりともせよかし、どうなりとなさるがよい」と、祭りという特別な日に、男に向かって呼びかけた恋の歌、としている。道歌《どうか》説として、青森県八戸市の中里義美の説がある。

「なせばなる、なさねばならぬ何事も」のいわゆる道歌が、南部地方の方言によって今の形になった、とする。1949年、宮中に学士院会員が招かれた際、三笠宮崇仁親王が言語学者の金田一京助に対して「ナニャドヤラ」について質問した際に報告している。

これらに対し、ヘブライ語説として述べたのが、川守田英二が大正時代に唱えた説。

青森県新郷村（旧戸来村）に伝わる「キリストの墓」伝説にからめて解釈された。ヘブライ語で読むと民族の進軍歌になる、とした。

「ナギャド」は、「前方へ」という副詞と「指導者」という名詞になっているという。「ナサレ」は「掃蕩」という意味。そこで「ナギアドナサレ」は、「前方を掃蕩する」という意味だとする。そこで進軍歌として、「御前に聖名をほめ讃えん　御前に毛人を討伐して　御前に聖名をほめ讃えん」という意味だと発表した。

この衝撃的な説は1950年代に一度全国的に有名になる。さらに1949年、金田一京助が三笠宮に別の説を報告した時、川守田は東京新聞にて反論を掲載した。この時もまた、ナニャドヤラの謎は全国的な話題になった》。

さらに梵語説もあり、南北朝時代、長慶天皇が足利氏に追われ、三戸郡名久井岳の近くに隠れ住んだ際に、味方に無事を知らせる内容を里人に歌わせたという説である。

「なにゃあどやらよ（奈任耶阿堵野羅世）

なにゃあどなされいのさえ（奈任耶阿堵長谷嶺居野宰叡）

なにゃあどやらよ（奈任耶阿堵野羅世）」。

この「長谷嶺居野宰叡」が「長谷よりほかに住む都がない」という意味になるとい

う。また「田名部おしまこ」や「盛岡さんさ踊り」「虎丈（虎女様）」などもみな、「ナニャドヤラ」からの派生したものだという。これらの語は、千年以上変化を続けて現在の語形になったものなので、ヘブライ語との比較は語呂合わせの域を脱していないと言う者もいる。しかし、具体的に、歌詞を検討した川守田英二氏の説が説得力を持っている。

終わりに

この書のタイトルを『ユダヤ人は日本に同化した』と題したことに、違和感を覚える読者も多いかもしれない。しかし、アイデルバーグ氏の書が、長らく日本とユダヤ人の同祖論の代表書籍として権威を持っており、それを批判するこの書に、「日ユ同祖論を論駁《ろんばく》す」という題をつけることは、あまりフェアではない、と思われたからである。私のユダヤ研究は、多くの日本とイスラエルの同祖論者の研究の恩恵を受けている。それよりも、この書によって、いかに日本にやって来たユダヤ人たちが、全く、日本人と正反対の性格を持っていながら、日本に同化してしまったか、を探求する、その証拠として、この拙著を読者に示したかったからである。

アイデルバーグ氏の書の訳者である久保有政氏の報告によると、二〇二三年十一月にインドで、「ユダヤ十二支族」についての学会があり、氏も招かれてオン・ラインの形で参加し、その内容を英語と日本語の訳でYouTubeで発表されている。その内容を聞くと、なぜか古墳から出た数多くのユダヤ人埴輪のことを触れられておらず、アイデルバーグ氏の本を中心に、これまでの同祖論を繰り返しておられる。この人物埴輪のことは、拙著『発見！ ユダヤ人埴輪の謎を解く』（勉誠出版）、『日本にやって来たユダヤ人の古代史』（文芸社）、『日本とユダヤの古代史&世界史』（茂木誠氏との対談／ワニブックス）などで説明し、私の論の基礎としているので、それらを無視されたことへの苦い思いを抱いた。

アイデルバーグ氏の批判の書である、この拙著では、日本語において、ヘブライ語の影響は、氏が考える五百語よりもはるかに少なく、百語未満に過ぎない、と言っておきたい。この数字も、かなり妥協的なもので、可能性として考えることができる範囲のものも入れている。いずれにせよ、日ユ同祖論者が考えるほど、多くはない、ということである。

それはすでに、本文で述べたように、日本語が、縄文時代にほぼ口語として成立していたことがあるからである。しかし、ここで、その少ない中でも、注目しなければならない、多くの新語が、ユダヤ人たちによって、もたらされていることは、彼らが確実に、来日して、影響を与えていることを、指摘しておきたい。
その新しい言葉として、本書では九十六語を認定したが、その中で注目すべき言葉を挙げてみよう。

まず、日本の神道の儀式に使う用語である。第三章の（1）の「へざ」であるが、これは「戸座」のことで祭儀の際の地位名のことである。（3）の「柏手」は神道儀式の作法の一つで、（4）の「供物」も神前の供えるもの、（5）は、「としごい」とは祈年することで、いずれも神道に関係している。（28）の神社の鳥居も、ヘブライ語起源の可能性が高い。神社の宮司の下の「禰宜《ねぎ》」の職名も、ヘブライ語だという。（32）の「祓い」の言葉もそうである。このことは、「お祓い」がユダヤ人の「原罪」の観念を神道が否定する行為であったことを示唆している。また（68）の「忌み」という言葉も宗教的な言葉と言って良いだろう。「忌み」は「穢れ」をとおざけるのが「お祓い」でもある。
（71）には「憂鬱《ゆううつ》」という言葉があるが、これはおそらくユダヤ人の原罪感から生じた言葉とも考えられるが、しかし忌みとか、穢れとも関係している。

また政治的な言葉にヘブライ語が影響を与えている。例えば（83）の天皇を意味する「すめらみこと」の元となった「スメラ」もヘブライ語から来たという。しかし「スメラ」は、イスラエルの失われた十部族の一つの名前であったというから、果たして、そうであるか疑われるにせよ、その名が重みを持っていた、とするアイデルバーグ氏の見解を否定するつもりはない。また、支配者からの「命令」（42）、そして貴族や武家に仕えた「サムライ」という言葉も、ユダヤ人が渡来してから使われるようになったという。また戦闘での「伏兵」もヘブライ語であるというのも、ありうることだ。彼らが守る「城」（50）も彼らが建てたと考えられる。（9）の「圧政」という言葉は、政治が進み、そこに圧力を感じるという、現象を伝える言葉として、ヘブライ語から学んだものであろう。「法」（76）という言葉も、彼らから聞き、中国の律令を学んだと考えられる。そして「決」（77）という言葉の通り、物事を決定していくのである。

（62）のように、「書く」という言葉が、ヘブライ語から来たことは興味深いことである。それまで文字で書くことがなかった日本人が、ユダヤ人たちが書く習慣を持っていたことにより、文字の必要性を感じたということである。その時、ヘブライ語よりも、まず中国語を取り入れ、それを日本語に当てはめる作業を始めたと考えられる。このことも、ユダヤ人の言葉が、日本人には理解できなかったことを示している。(62)の「巻《まき》」という言葉は、書かれた紙を巻くことの意味である。

また生活上の新しさを導入した証拠として、(43)の「食べる」という言葉や、(18)の「傘」が「笠」に代わって使われ始めたらしいこと。(45)の「鎖《くさり》」の使用も始まったこと、また「酒」も彼らによって作られたと考えられる。歴史的にも秦酒公などという人物がいたこともそのことを裏付ける。(11)に「食べる」という言葉があるが、この言葉が「食う」に代わって新語として使われたものであろう。「凍らす」(91)という言葉も、日本では新しい言葉であったろう。

芸術、芸能関係では、(16)の「仮面」というヘブライ語から入ったと言われる。彼らが、仮面劇を日本に持ち込んだからだとも言えよう。縄文時代は、土偶の顔に、仮面的なものを感じるが、それは現実の病の子の顔であったことになる。(56)の「彫刻」という言葉が、そうだとすると、この分野で、大きくユダヤ人系の人々が関わっていたことがわかる。

日本の歌謡の一つ、「かごめ、かごめ」の、籠目は、ちょうど「六芒星」を表し、ダビデの星、イスラエルの国旗にも使われる六芒星となる。このことは（90）で詳述している。

アイデルバーグ氏以外の学者の指摘による、ヘブライ語が、日本人に使われている例は、第四章に引用されているが、特に川守田英二氏の指摘は、三十四例にものぼり、すでに定説となっている。特に相撲の「ハッケヨイ・ノコッタ」が「投げ打ち、倒せ」という意味であること、「ヤートコセ・ヨーイナヤ」が「敵を投げた、ヤーウエの神は憐れみ深い」という意味だと知られている。

そして「伊勢音頭」の「ヤートコセ・ヨーイヤマ」が「ヤーウエは憐れみ深く存在する」という意味である。また「最上川音頭」の「ヨイコラマカセ、エンヤラマカショ」が「栄光の民は、敵を征服した」という意味だということだと書かれている。「よさこい節」にも、「サコイ」という歌詞があり、それは「懲らしめよ、カイ（エルサレムの先住民を）」という意味で、東北民謡の「ナニャドヤラ・ドッコイセー」が「粉砕せよ、エプスの敵を」という意味だという。

このようなユダヤ人の古代の戦いの歌詞が、伊勢、最上川、そして東北民謡に残っていることは、当時のユダヤ人たちが、いかに戦いの意志を、古代日本に持ち込んだかということになる。それが、現在のイスラエルとパレスチナの戦いまで続いていることを考えると、日本に古代ユダヤ人たちが同化した運命が、一層理解されるのである。

最後になったが、この書を出すことを快諾されたヒカルランドの石井健資社長に感謝したい。氏は、アイデルバーグ氏の訳書が出された徳間書店で担当されていたという。また訳者であり、私と立場が異なるとはいえ、多くの日本とユダヤの関係を、長らく研究されてきた久保有政氏に深く敬意を表したいと思う。

田中英道　たなか ひでみち
一九四二年東京生まれ。東京大学文学部仏文科、美術史学科卒。ストラスブール大学に留学しドクトラ（博士号）取得。文学博士。東北大学名誉教授。フランス、イタリア美術史研究の第一人者として活躍する一方、日本美術の世界的価値に着目し、精力的な研究を展開している。また独自の学問手法である形象学（フォルモロジー）の観点から日本独自の文化・歴史の重要性を提唱し、日本国史学会の代表を務める。著書に『日本美術全史』（講談社）、『日本の歴史 本当は何がすごいのか』『日本の文化 本当は何がすごいのか』『世界史の中の日本 本当は何がすごいのか』『世界文化遺産から読み解く世界史』『日本の宗教 本当は何がすごいのか』『日本史５つの法則』『日本の戦争 何が真実なのか』『聖徳太子 本当は何がすごいのか』『日本国史 上・下』『日本が世界で輝く時代』『ユダヤ人埴輪があった！』『左翼グローバリズムとの対決』『新 日本古代史』『決定版 神武天皇の真実』『聖徳太子は暗殺された』『日本国史の源流』『京都はユダヤ人秦氏がつくった』『日本と中国 外交史の真実』（以上、扶桑社）、『日本神話と同化ユダヤ人』『「国譲り神話」の真実』『荒ぶる神、スサノオ』（以上、勉誠出版）他多数。
公式 HP http://hidemichitanaka.net/

ユダヤ人は日本に同化した
言語比較から見るヘブライ語と日本語

第一刷 2024年1月31日

著者 田中英道

発行人 石井健資

発行所 株式会社ヒカルランド
〒162-0821 東京都新宿区津久戸町3-11 TH1ビル6F
電話 03-6265-0852 ファックス 03-6265-0853
http://www.hikaruland.co.jp info@hikaruland.co.jp

振替 00180-8-496587

本文・カバー・製本 中央精版印刷株式会社

DTP 株式会社キャップス

編集担当 TakeCO／川窪彩乃

ISBN978-4-86742-339-4

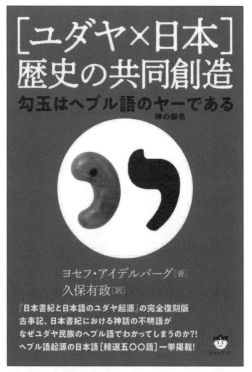

ヒカルランド　好評既刊！

地上の星☆ヒカルランド　銀河より届く愛と叡智の宅配便

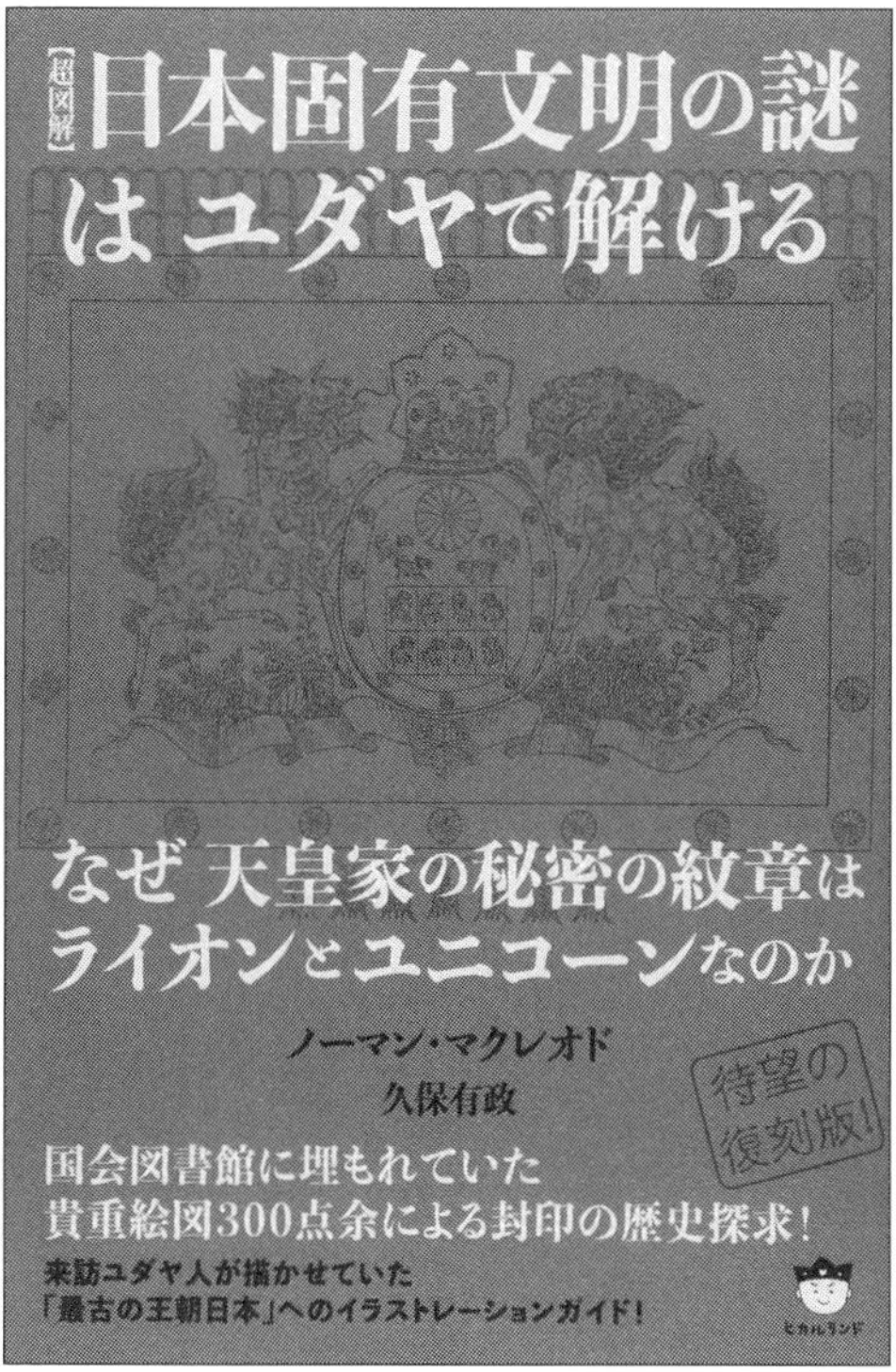

【超図解】日本固有文明の謎はユダヤで解ける
なぜ天皇家の秘密の紋章は
ライオンとユニコーンなのか
著者：ノーマン・マクレオド／久保有政
四六ソフト　本体2,222円+税

ヒカルランド　好評既刊！

地上の星☆ヒカルランド　銀河より届く愛と叡智の宅配便

【集大成完全版】日本人とユダヤ人
著者：永見憲吾
監修：久保有政
A5ソフト　本体2,000円+税

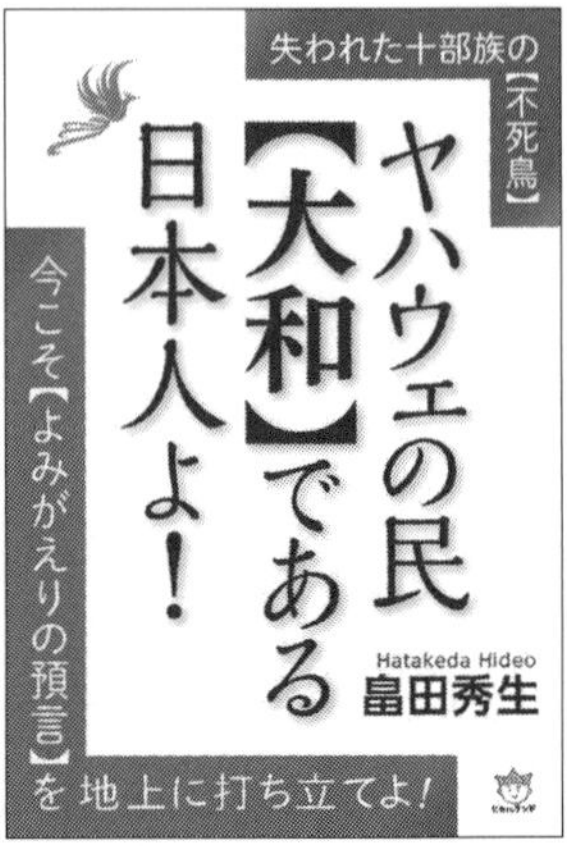

ヤハウェの民【大和】である日本人よ！
著者：畠田秀生
四六ソフト　本体2,000円+税

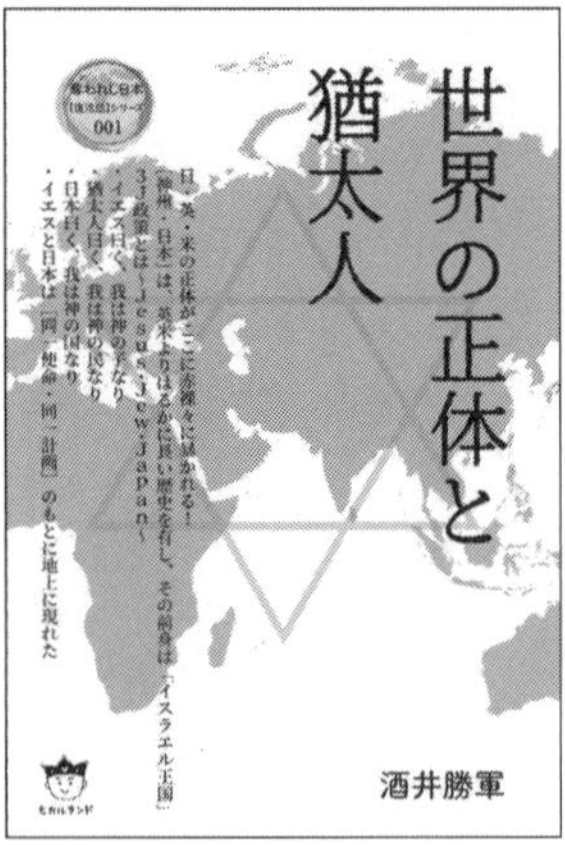

世界の正体と猶太人
著者：酒井勝軍
四六ソフト　本体3,000円+税

ユダヤ人はなぜ人種の多様性を
求めるのか？
著者：クリス・ノース
四六ハード　本体1,600円+税